Disfrute gratuitamente **DURANTE UN AÑO** de los eBook y audiolibros de las obras de Editorial Colex*

- ⊗ Acceda a la página web de la editorial **www.colex.es**

- ⊗ Identifíquese con su usuario y contraseña. En caso de no disponer de una cuenta regístrese.

- ⊗ Acceda en el menú de usuario a la pestaña «Mis códigos» e introduzca el que aparece a continuación:

RASCAR PARA VISUALIZAR EL CÓDIGO

Manual de 350 conceptos jurídico-criminológicos básicos

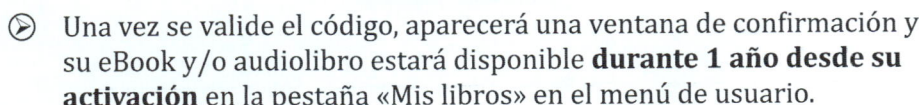

- ⊗ Una vez se valide el código, aparecerá una ventana de confirmación y su eBook y/o audiolibro estará disponible **durante 1 año desde su activación** en la pestaña «Mis libros» en el menú de usuario.

---

* Los audiolibros están disponibles en las ediciones más recientes de nuestras obras. Se excluyen expresamente las colecciones «Códigos comentados», «Biblioteca digital» y los productos de www.vademecumlegal.es.

No se admitirá la devolución si el código promocional ha sido manipulado y/o utilizado.

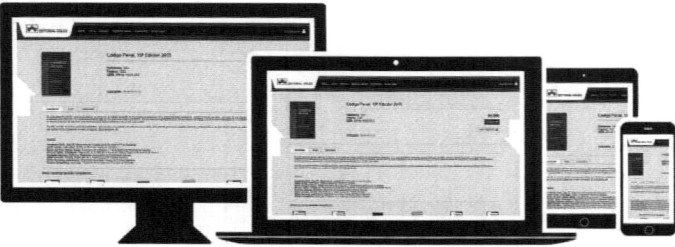

¡Gracias por confiar en nosotros!

La obra que acaba de adquirir incluye de forma gratuita la versión electrónica. Acceda a nuestra página web para aprovechar todas las funcionalidades de las que dispone en nuestro lector.

Funcionalidades eBook

Acceso desde cualquier dispositivo con conexión a internet

Idéntica visualización a la edición de papel

Navegación intuitiva

Tamaño del texto adaptable

Síguenos en: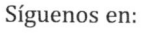

MANUAL DE
350 CONCEPTOS JURÍDICO-CRIMINOLÓGICOS BÁSICOS

Una guía para comprender el Derecho público

MANUAL DE
350 CONCEPTOS JURÍDICO-CRIMINOLÓGICOS BÁSICOS

Una guía para comprender el Derecho público

Dirección
Alicia Rodríguez Sánchez

Coordinación
José Luis Domínguez Álvarez

COLEX 2024

© Alicia Rodríguez Sánchez
© José Luis Domínguez Álvarez

© Editorial Colex, S.L.
Calle Costa Rica, número 5, 3.º B (local comercial)
A Coruña, 15004, A Coruña (Galicia)
info@colex.es
www.colex.es

I.S.B.N.: 978-84-1194-737-4
Depósito legal: 1673-2024

SUMARIO

50 CONCEPTOS DE DERECHO INTERNACIONAL PÚBLICO

Profa. Dra. Elsa Fernando Gonzalo
Profa. Dra. Estela Martín Pascual

50 CONCEPTOS DE DERECHO DEL TRABAJO (PARTE PÚBLICA)

Profa. Dña. Ana García García

50 CONCEPTOS DE DERECHO PENAL Y CRIMINOLOGÍA

Profa. Dra. Alicia Rodríguez Sánchez

50 CONCEPTOS DE DERECHO PROCESAL

Profa. Dra. Irene González Pulido
Prof. Dr. Walter Reifarth Muñoz

PRESENTACIÓN

No es una opinión muy descabellada la que defiende que la docencia del derecho —en muchas ocasiones del puro derecho positivo— ha desbordado hace años las paredes de las facultades de derecho. Al mismo tiempo, las facultades se han llenado de contenidos docentes no pura y exclusivamente jurídicos, por mor de la proliferación de títulos universitarios de grado diferentes, que encuentran en aquellos centros su ubicación académica.

De la utilidad para las ciencias jurídicas de tales hechos, quizá pueda dudarse, pero negar tal realidad no presenta ventaja alguna para la docencia en esas otras titulaciones. Proporcionar algún material de consulta sobre la terminología o los conceptos iniciales de las diferentes ramas jurídicas a ese otro alumnado, que no cursa del grado en derecho, es un trabajo necesario. Si, además, se emprende por jóvenes investigadores, conscientes de la dificultad que para ellos tuvo ese primer paso, puede ser clarificador de las dificultades que comporta la docencia jurídica.

Porque, en verdad, la obra que presento solo formalmente responde al género de los *vocabularios, repertorios o diccionarios jurídicos* (cuya larga historia se remonta, para el derecho castellano, a *La Peregrina* —1380— de Gonzalo González de Bustamante[1]) y se incardina más bien entre los materiales concebidos para la docencia.

---

1   Biblioteca General Histórica de la Universidad de Salamanca ms. 166 fols. 1-127. Sobre esta obra y el resto del mismo género en el derecho español, es muy conocido el estudio de BARRERO GARCÍA, A.M., «Los repertorios y diccionarios jurídicos desde la Edad Media hasta nuestros días», *Anuario de historia del derecho español*, n.º 43, 1973, pp. 311-352.

Por ello merece la pena destacar que las nociones que se ofrecen de los términos y conceptos tienen, en general, más carga *explicativa* que dogmático-comprensiva: Se trata, según creo, de describir, más que de definir; de posibilitar que los alumnos, informados del sentido con que los términos se utilizan en una rama del saber jurídico, puedan, *por sí mismos*, recomponer el alcance que para sus otros campos de conocimiento tiene el término que habitualmente se maneja en el campo jurídico.

No es, en absoluto, una tarea fácil, porque, aisladamente, término a término, la obra se devaluaría en una suerte de «glosario», muy limitado en su eficacia formativa. La selección de las voces más habituales, agrupadas por especialidades jurídicas, permite una interconexión de las definiciones que añade suficiente información básica sobre «el lenguaje», la terminología, con la que trabaja cada una de ellas, y quiere hacer posible que el alumno adquiera la capacidad —la competencia— para *aprender* o captar el sentido de los textos jurídico-positivos que, inevitablemente, debe manejar en su ámbito de formación académica.

De alguna forma, se trata de *enseñar* a manejar el derecho, diferente de lo que hacemos, cuando, en el grado en derecho, arropados por siglos de tradición jurídica propia, e inmersos ya en una red dogmática-conceptual, queremos trasmitir a los alumnos *un modelo* completo, una interpretación propia con la que *ejecutamos* la desvaída partitura del derecho positivo.

Nada de esto, sin embargo, disminuye ni el mérito ni la utilidad de esta obra, sino que, al contrario, destaca la necesidad de que los conceptos jurídicos sean utilizados con propiedad también fuera del ámbito estrictamente jurídico y no haya que reprochar su utilización «aproximativa» (cuando no patentemente inexacta) en otros contextos.

Si la obra sirve, por ejemplo, para que un alumno de otras titulaciones académicas sepa utilizar con propiedad la expresión «recurso administrativo» y no mezclarla con «recurso contencioso-administrativo», algo habrá avanzado también el derecho como saber *cierto* y no como aspecto de la realidad sobre el que cualquiera opina o diserta libremente en una tertulia.

Marcos M Fernando Pablo

Salamanca, octubre de 2024

50 CONCEPTOS DE DERECHO ADMINISTRATIVO BÁSICO

Prof. Dr. José Luis Domínguez Álvarez

Área de Derecho Administrativo
Universidad de Salamanca

Profa. Dña. Pilar Talavera Cordero

Área de Derecho Administrativo
Universidad de Salamanca

I. Aproximación y conceptualización del Derecho Administrativo

El Derecho administrativo es una creación relativamente reciente, pues surge en la Europa continental como consecuencia del nuevo orden de relaciones derivado de las revoluciones constitucionalistas del siglo XVIII; en España, su génesis se ha situado en la Constitución de 1812.

Al igual que sucede con el concepto de Administración pública, también existen diferentes opiniones acerca del concepto de Derecho Administrativo, las cuales han destinado sus esfuerzos a delimitar sus rasgos característicos y prevalentes: el ejercicio de poder público, la satisfacción de los intereses generales, la prestación de servicios públicos o la articulación del estatuto jurídico propio de la Administración pública. Clarificado lo anterior, podemos definir el Derecho administrativo como el Derecho que regula la organización de las Administraciones Públicas, la atribución y el ejercicio de las potestades administrativas, y su control judicial.

A diferencia de lo que sucede en otras ramas del Derecho, no existe un código administrativo que reúna el grupo principal de disposiciones aplicables en esta materia. No obstante, existe un amplio consenso doctrinal a la hora de señalar que el Derecho Administrativo se encuentra compuesto por tres tipos diferentes de normas:

A) Normas generales de relación: son las que regulan las relaciones intersubjetivas, tanto entre distintas Administraciones públicas, como entre éstas y los particulares. La principal es la Ley 39/2015, de 1 de octubre, del Procedimiento Administrativo Común de las Administraciones públicas (LPACAP). También destacan la Ley 9/2017, de 8 de noviembre, de Contratos del Sector Público (LCSP), o la Ley 29/1998, reguladora de la Jurisdicción Contencioso-Administrativa (LJCA); entre otras.

B) Normas de organización: estas normas determinan la estructura orgánica u organigrama de las Administraciones públicas. Cada Administración pública tiene sus propias leyes de organización, que conforman grupos normativos específicos dentro del Derecho Administrativo. Así, en la Administración del Estado nos encontramos con la Ley 40/2015, de 1 de otubre, de Régimen Jurídico del Sector Público (LRJSP), la cual, además de incluir contenidos de carácter básico aplicables a todas las Administraciones públicas contiene, asimismo, el régimen jurídico de la Administración General del Estado y de sus entidades y organizaciones vinculadas o dependientes; en las comunidades autónomas, con sus respectivas leyes de Gobierno y Administración, como es el caso de la Ley 3/2001, de 3 de julio, del Gobierno y de la Administración de la Comunidad de Castilla y León; y en el Derecho local, con la Ley 7/1985, de 2 de abril, Reguladora de las Bases del Régimen Local (LRBRL); etc.

De otro lado también se deben incluir entre las normas de organización las que regulan el estatuto jurídico de los empleados públicos, cuyo régimen general se establece por medio del Real Decreto Legislativo 5/2015, de 30 de octubre, por el que se aprueba el texto refundido de la Ley del Estatuto Básico del Empleado Público (TREBEP), o las que se detienen en ordenar la gestión de los recursos patrimoniales de las diferentes instituciones como ocurre en el caso de la Ley 33/2003, de 3 de noviembre, del Patrimonio de las Administraciones Públicas (LPAP).

C) Normas sectoriales de acción: con ellas se establecen los fines propios de cada Administración, erigiendo en Derecho positivo lo que anteriormente eran meras posibilidades eventuales.

Establecen, igualmente, el mecanismo para alcanzar esos fines. Estas leyes se cuentan por centenares, abarcando todo el espectro posible de actividades o actuaciones desempeñadas por las Administraciones públicas. A modo de ejemplo pueden citarse la Ley 14/1986, de 25 de abril, General de Sanidad (LGS); el Real Decreto Legislativo 1/2001, de 20 de julio, por el que se aprueba el texto refundido de la Ley de Aguas; la Ley Orgánica 4/2015, de 30 de marzo, de protección de la seguridad ciudadana; el Real Decreto Legislativo 6/2015, de 30 de octubre, por el que se aprueba el texto refundido de la Ley sobre Tráfico, Circulación de Vehículos a Motor y Seguridad Vial; el Real Decreto Legislativo 7/2015, de 30 de octubre, por el que se aprueba el texto refundido de la Ley de Suelo y Rehabilitación Urbana; la Ley 7/2021, de 20 de mayo, de cambio climático y transición energética; la Ley 11/2022, de 28 de junio, General de Telecomunicaciones; la Ley Orgánica 2/2023, de 22 de marzo, del Sistema Universitario, etc. Cada una de estas disposiciones configura un subgrupo o racimo normativo, del que penden otras normas subordinadas —los famosos reglamentos—, que completan su regulación y facilitan su aplicación.

Entre las principales características del Derecho administrativo destacamos las siguientes:

1) Derecho público: el Derecho administrativo forma parte del Derecho público.

2) Derecho estatutario: el Derecho Administrativo constituye el Estatuto que regula la organización y el funcionamiento de las Administraciones públicas, siendo el conjunto de normas que disciplina su estructura, sus medios y sus reglas de acción.

3) Derecho común y normal de las Administraciones públicas: es común porque dispone de una serie de principios aplicativos específicos, que excepcionan los que son propios de otras ramas del Derecho (objetividad, legalidad, eficacia, jerarquía, descentralización, desconcentración y coordinación); y normal porque este es el Derecho al que se someten normalmente las Administraciones públicas, aunque en algunas parcelas de su actividad también se rigen por el Derecho privado.

4) Derecho de privilegios y garantías: se caracteriza por conferir a la Administración unos poderes exorbitantes, denominados potestades administrativas, muy superiores a los propios de los

sujetos privados: potestad sancionadora, expropiatoria, ejecución de oficio, reglamentaria, etc. Este conjunto de atribuciones sitúa a la Administración en una clara posición de supremacía, justificada en atención a sus fines serviciales como es la persecución del interés general. Pero al mismo tiempo, para prevenir los abusos y arbitrariedades a que ello pudiera dar lugar, los ciudadanos se encuentran resguardados por un completo cuadro de garantías ante la actuación de la Administración. Por ello se afirma que la vocación del Derecho administrativo es asegurar la realización de los intereses colectivos sin ceder en la defensa de los intereses individuales.

5) Derecho de extraordinaria amplitud, fugaz y cambiante: el Derecho Administrativo se encuentra sometido al vértigo de la realidad contemporánea, de tal manera que sus dictados quedan obsoletos al poco de pronunciarse y necesitan reemplazarse inmediatamente por otros nuevos. El dinamismo que se percibe en algunos ámbitos, como ocurre en el supuesto de las nuevas tecnologías, provoca que sus normas reguladoras sean modificadas varias veces cada año, lo que se conoce como «motorización» del ordenamiento jurídico.

II. Legislación básica de referencia

– Ley de 16 de diciembre de 1954 sobre expropiación forzosa

– Ley 7/1985, de 2 de abril, Reguladora de las Bases del Régimen Local

– Ley 50/1997, de 27 de noviembre, del Gobierno

– Ley 29/1998, reguladora de la Jurisdicción Contencioso-Administrativa

– Ley 33/2003, de 3 de noviembre, del Patrimonio de las Administraciones Públicas

– Ley 38/2003, de 17 de noviembre, General de Subvenciones

– Ley 39/2015, de 1 de octubre, del Procedimiento Administrativo Común de las Administraciones públicas

– Ley 40/2015, de 1 de otubre, de Régimen Jurídico del Sector Público

– Real Decreto Legislativo 5/2015, de 30 de octubre, por el que se aprueba el texto refundido de la Ley del Estatuto Básico del Empleado Público

– Ley 9/2017, de 8 de noviembre, de Contratos del Sector Público

– Real Decreto 203/2021, de 30 de marzo, por el que se aprueba el Reglamento de actuación y funcionamiento del sector público por medios electrónicos

III. Definición de conceptos básicos

§ **Abstención:** acto mediante el cual una autoridad o funcionario, llamado a conocer de un asunto, se aparta de su conocimiento por tener alguna relación con el objeto de aquel o con las partes que intervienen. Entre las causas de abstención destacan la concurrencia de interés personal en el asunto, la existencia de relación de parentesco, amistad íntima o enemistad manifiesta, la intervención como perito en el procedimiento, o mantener o haber mantenido una relación de servicio con la persona directamente interesada.

> *Ejemplo: el alcalde tenía que haberse abstenido de acordar el otorgamiento de una subvención a su hermano.*

§ **Acto administrativo:** decisión atribuible a una Administración pública ya sea resolutoria o de trámite, declarativa, ejecutiva, consultiva, certificante, presunta, o de cualquier otra clase, cuando ha sido adoptada en ejercicio de una potestad administrativa. La definición más extendida la que propuso en los años cincuenta del siglo XX Zanobini, al señalar lo siguiente: *«Cualunque dichiarazzione di voluntà, di desiderio, di conoscenza, di giudizio, compiuta da un soggeto della pubblica amministrazione nell esecizio di una potestà amministrativa».*

> *Ejemplo: constituyen actos administrativos la concesión de licencias o autorizaciones, la designación de cargos públicos, la adjudicación de contratos o la asignación de ayudas y subvenciones.*

§ **Administración automatizada:** se entiende por actuación administrativa automatizada cualquier acto o actuación realizada íntegramente a través de medios electrónicos por una Administración pública en el marco de un procedimiento administrativo y en la que no haya intervenido de forma directa un empleado público. Entre las ventajas y potencialidades de la actuación administrativa automatizada destacan la reducción de los tiempos de respuesta a las solicitudes presentadas por la ciudadanía, la simplificación de la carga de trabajo administrativa, la articulación de servicios de alta disponibilidad operativos durante las 24 horas y los 365 días del año, etc.

Ejemplo: emisión de volantes y certificados de empadronamiento sin intervención humana, análisis y comparación de imágenes satelitales y fotografía aérea para encontrar construcciones, piscinas y otros elementos no catastrados, gestión inteligente de alumbrado público, etc.

§ **Administración competente:** institución que tiene atribuida, de conformidad con el ordenamiento jurídico, la capacidad para tomar decisiones y hacer efectivos los fines públicos que debe obtener en beneficio del interés general. Las competencias deben recogerse de manera expresa en las normas que regulan el funcionamiento y la actuación de las Administraciones públicas, no pueden presumirse o intuirse.

Ejemplo: el Estado tiene competencia exclusiva para el establecimiento de las bases del régimen jurídico de las Administraciones públicas y del régimen estatutario de sus funcionarios; las Comunidades Autónomas disponen de competencias en materia de ordenación del territorio, urbanismo y vivienda; y las Entidades Locales tienen como competencia propia, entre otras, el abastecimiento de agua potable a domicilio y evacuación y tratamiento de aguas residuales.

§ **Administración electrónica:** conjunto de servicios públicos (desde Hacienda, Seguridad Social, Justicia, etc.) que se encuentran en proceso de digitalización y que realizan procedimientos administrativos con los ciudadanos o entre distintas instituciones a través del empleo de medios electrónicos. Permite adaptar las labores públicas y los procedimientos administrativos a los nuevos tiempos y a la forma de relacionarse de los ciudadanos, dinamizar, optimizar y hacer más fluidos y flexibles dichos procedimientos.

Ejemplo: solicitar un informe de tu vida laboral a través de https:// sp.seg-social.es

§ Administración pública: conjunto de órganos y entidades que, encuadrados en el gobierno estatal, autonómico o local, sirven con objetividad los intereses generales ejecutando las leyes y prestando los servicios públicos correspondientes para maximizar el bienestar y la calidad de vida del conjunto de la población.

Ejemplo: Ministerio para la Transición Ecológica y el Reto Demográfico, Junta de Castilla y León, Ayuntamiento de Salamanca, etc.

§ Anulabilidad: vicio de un acto administrativo cuando incurre en cualquier infracción del ordenamiento jurídico, incluso la desviación de poder. La anulabilidad es también llamada nulidad relativa para diferenciarla de la nulidad (o nulidad absoluta). La nulidad absoluta impide ipso iure la producción de efectos jurídicos *(quod nullum est nullum producit effectum)*. La anulabilidad, en cambio, permite la eficacia jurídica del acto hasta su remoción judicial.

Ejemplo: son anulables los actos de una Administración pública cuando esta incurra en desviación de poder.

§ Autorización: licencia, permiso o habilitación otorgada por un órgano administrativo a una empresa o particular, a los efectos de que pueda ejercer actividades cuya práctica somete el ordenamiento jurídico al cumplimiento de determinados requisitos cuya concurrencia debe comprobarse previamente por una administración pública.

Ejemplo: licencia de obra, licencia de actividad, licencia ambiental, autorización para la manipulación de alimentos, permiso de conducir, etc.

§ Caducidad: decadencia de derechos por su falta de ejercicio en el término establecido en la ley. La caducidad implica la pérdida de fuerza de una ley o un derecho por transcurso del plazo para su ejercicio. Tiene el efecto de extinguir el derecho de forma automática. La caducidad no se puede renunciar, se aprecia de oficio, no hace falta alegarla.

Ejemplo: forma de terminación del procedimiento administrativo sancionador que se produce por la superación de su plazo máximo de duración sin que se haya dictado y notificado la resolución sancionadora, con carácter general, en el plazo de seis meses.

§ Contrato público: contrato celebrado por las entidades y organismos que tienen naturaleza de Administraciones públicas, pero también por otros entes públicos que no tienen naturaleza de tales, o incluso por entes u organismos integrados en el sector público que no tienen la condición de sujetos adjudicadores ni de administraciones públicas.

> *Ejemplo: contrato de obra para la construcción del Hospital Clínico de Derecho, contrato de concesión de servicio para la gestión de la cafetería de la Facultad de Derecho, etc.*

§ De oficio: actuación realizada a iniciativa del órgano administrativo o judicial, actuando en ejercicio de sus funciones, sin solicitud ni requerimiento previo de un tercero o administrado.

> *Ejemplo: incoación de un expediente sancionador por parte de la Confederación Hidrográfica del Duero por la contaminación existente en el cauce fluvial derivada de los vertidos irregulares de una empresa.*

§ Declaración responsable: documento suscrito por una persona física o jurídica en el que manifiesta, bajo su responsabilidad, que cumple con los requisitos establecidos en la normativa vigente para que le sea reconocido un derecho o facultad y que dispone de la documentación que acredita el cumplimiento de la normativa que rige la actividad o ejercicio que va a iniciar cuyo cumplimiento se compromete a observar.

> *Ejemplo: declaración responsable de obra o licencia de obra menor, declaración responsable para el ejercicio de la navegación en la cuenca del Duero, declaración responsable de ingresos y patrimonio, etc.*

§ Desistimiento: modalidad de terminación del procedimiento administrativo que se produce como consecuencia de la renuncia del interesado o administrado a la pretensión que dio origen al mismo. De conformidad con el art. 93 de la Ley 39/2015, de 1 de octubre, del Procedimiento Administrativo Común de las Administraciones Públicas se positiva por vez primera el desistimiento de las Administraciones públicas al señalar lo siguiente: «[e]n los procedimientos iniciados de oficio, la Administración podrá desistir, motivadamente, en los supuestos y con los requisitos previstos en las Leyes».

> *Ejemplo: desistimiento en el procedimiento económico-administrativo.*

§ Director general: órgano directivo de la Administración General del Estado encargado de la gestión de una o varias áreas funcionalmente homogéneas del ministerio correspondiente. Su nombramiento y separación, entre funcionarios de carrera, se hace por medio de real decreto del Consejo de Ministros a propuesta del titular del departamento.

> *Ejemplo: Real Decreto 477/2023, de 13 de junio, por el que se nombra Director General de la Guardia Civil a don Leonardo Marcos González.*

§ Empleado público: son empleados públicos quienes desempeñan funciones retribuidas en las Administraciones públicas al servicio de los intereses generales. El régimen jurídico básico de esta relación de empleo se encuentra regulado en el Real Decreto Legislativo 5/2015, de 30 de octubre, por el que se aprueba el texto refundido de la Ley del Estatuto Básico del Empleado Público. Los empleados públicos se clasifican en: (a) funcionarios de carrera; (b) funcionarios interinos; (c) personal laboral, ya sea fijo, por tiempo indefinido o temporal; y (d) personal eventual.

> *Ejemplo: Catedrática de Universidad, médico de atención primaria, auxiliar administrativo de la Junta de Castilla y León, etc.*

§ Encomienda de gestión: encargo interorgánico o interadministrativo para la realización de actividades materiales cuando el órgano o entidad encomendante no posea los medios técnicos idóneos para desarrollarlas. En ningún caso supone una cesión de la titularidad de la competencia. Únicamente cabe la encomienda de gestión entre órganos administrativos o entre administraciones públicas.

> *Ejemplo: es habitual que las Comunidades Autónomas encomienden a las diputaciones provinciales la gestión ordinaria de determinados servicios sociales.*

§ Firma electrónica: conjunto de datos en forma electrónica, consignados junto a otros o asociados con ellos, que pueden ser utilizados como medio de identificación del firmante y como herramienta para asegurar la integridad del documento firmado (huella digital). En el caso de que los interesados opten por relacionarse con las Administraciones públicas a través de medios electrónicos, se considerarán válidos a efectos de firma los sistemas basados en certificados electrónicos y los sistemas de clave concertada.

> *Ejemplo: el Certificado electrónico FNMT de Ciudadano es la certificación electrónica expedida por la FNMT-RCM que vincula a su suscriptor con unos datos de verificación de firma y confirma su identidad.*

§ **Infracción:** acción u omisión típica, antijurídica y culpable para la que el ordenamiento jurídico prevé la imposición de una sanción administrativa. Sus elementos esenciales coinciden con los del delito. De conformidad con el ordenamiento jurídico, tanto las infracciones como las sanciones han de estar preestablecidas en una norma con rango de ley.

> *Ejemplo: en virtud de la Ley 3/2022, de 24 de febrero, de convivencia universitaria se considerará infracción muy grave realizar novatadas o cualesquiera otras conductas o actuaciones vejatorias, física o psicológicamente, que supongan un grave menoscabo para la dignidad de las personas.*

§ **Interesado:** persona física o jurídica que promueve el procedimiento administrativo por ser titular de derechos o intereses legítimos o que, sin haberlo promovido, ostenta derechos que pueden verse afectados por la resolución que finalmente se adopte en el citado procedimiento administrativo.

> *Ejemplo: solicitante de una beca para la realización de estudios universitarios del Ministerio de Educación, Formación Profesional y Deportes.*

§ **Interés general:** concepto que resume las funciones que se encomiendan constitucionalmente a los poderes públicos y que concierne a valores y objetivos que trascienden los intereses concretos de ciudadanos o grupos. Constituye la piedra angular del Derecho administrativo, en la medida en que justifica no sólo la actividad de las Administraciones públicas, sino la existencia misma del propio Estado.

> *Ejemplo: defensa de la salud pública, salvaguarda de un medio ambiente adecuado, promoción de la cultura, etc.*

§ **Ministro:** persona que ostenta la doble condición de miembro del Gobierno y jefe supremo de un departamento ministerial. Como titular de un departamento ministerial, tiene competencia y responsabilidad en la esfera específica de su actuación, y le corresponde desarrollar la acción del Gobierno en el ámbito de su Departamento, de conformidad con los acuerdos adoptados en Consejo de Ministros o con las directrices del Presidente del Gobierno, así como ejercer la potestad reglamentaria en las materias propias de su ámbito de actuación.

Ejemplo: Ministra de Ciencia, Innovación y Universidades, Ministra para la Transición Ecológica y el Reto Demográfico.

§ **Motivación:** obligación del órgano administrativo que adopta la decisión de incluir en ella una exposición sucinta de los hechos y fundamentos jurídicos en que se basa. De conformidad con la legislación española han de motivarse, los actos que limiten derechos subjetivos o intereses legítimos; los actos que resuelvan procedimientos de revisión de oficio de disposiciones o actos administrativos, recursos administrativos y procedimientos de arbitraje y los que declaren su inadmisión; los actos que se separen del criterio seguido en actuaciones precedentes o del dictamen de órganos consultivos; los acuerdos de suspensión de actos, así como la adopción de medidas provisionales; los acuerdos de aplicación de la tramitación de urgencia, de ampliación de plazos y de realización de actuaciones complementarias; los actos que rechacen pruebas propuestas por los interesados; los actos que acuerden la terminación del procedimiento por la imposibilidad material de continuarlo por causas sobrevenidas, así como los que acuerden el desistimiento por la Administración en procedimientos iniciados de oficio; las propuestas de resolución en los procedimientos de carácter sancionador o de responsabilidad patrimonial; y los actos que se dicten en el ejercicio de potestades discrecionales, así como los que deban serlo en virtud de disposición legal o reglamentaria expresa.

Ejemplo: la necesidad de motivar suficientemente la decisión por la que el órgano instructor de un expediente sancionador acuerda rechazar las pruebas propuestas por el presunto infractor para defender su posición jurídica.

§ **Notificación:** comunicación o puesta en conocimiento de una decisión administrativa que afecta a los derechos o intereses de cualquier persona física o jurídica. Necesariamente ha de cumplir los requisitos mínimos que especifica el art. 40.2 LPACAP, es decir, toda notificación deberá ser cursada dentro del plazo de diez días a partir de la fecha en que el acto haya sido dictado, y deberá contener el texto íntegro de la resolución, con indicación de si pone fin o no a la vía administrativa, la expresión de los recursos que procedan, en su caso, el órgano ante el que hubieran de presentarse y el plazo para interponerlos.

> *Ejemplo: véase la notificación efectuada por el Ministerio de Educación, Formación Profesional y Deportes acerca de la concesión o denegación de las becas de estudios universitarios.*

§ **Nulidad:** invalidez, declarada por el órgano administrativo competente, de un acto, contrato, resolución o procedimiento, por concurrir alguna de las causas establecidas en las leyes. En particular, serán actos nulos de pleno derecho los que lesionen los derechos y libertades susceptibles de amparo constitucional; los dictados por órgano manifiestamente incompetente por razón de la materia o del territorio; los que tengan un contenido imposible; los que sean constitutivos de infracción penal o se dicten como consecuencia de ésta; los dictados prescindiendo total y absolutamente del procedimiento legalmente establecido o de las normas que contienen las reglas esenciales para la formación de la voluntad de los órganos colegiados; y los actos expresos o presuntos contrarios al ordenamiento jurídico por los que se adquieren facultades o derechos cuando se carezca de los requisitos esenciales para su adquisición La nulidad puede declararse de oficio, es imprescriptible e insusceptible de convalidación o subsanación.

> *Ejemplo: supuesto en el un veterinario consigue por silencio administrativo positivo de la Administración pública su compatibilidad pública con su actividad privada.*

§ **Órgano administrativo:** institución con la que se distribuyen las competencias y potestades estatales que se derivan de la Constitución y la ley, organizadas en diversos niveles de acción o jerarquías.

> *Ejemplo: Dirección General del Patrimonio del Estado, Subdelegación del Gobierno de Salamanca, Secretario General para el Reto Demográfico, etc.*

§ Órgano colegiado: es un órgano administrativo creado formalmente e integrado por tres o más personas, al que se atribuyen funciones administrativas de decisión, propuesta, asesoramiento, seguimiento o control. Se caracterizan por tener un funcionamiento horizontal, es decir, por adoptar sus acuerdos a través del consenso de sus miembros.

> *Ejemplo: Consejo de Ministros, mesa de contratación o Pleno de la Corporación municipal.*

§ Órgano consultivo: es un órgano administrativo específico dotado de autonomía orgánica y funcional, cuya función principal es expresar su opinión fundada sobre una cuestión determinada en el marco de una decisión administrativa o legislativa. Existen supuestos legales en los que será preceptivo recabar dicha opinión, así sucede en los procedimientos de responsabilidad patrimonial.

> *Ejemplo: Consejo de Estado y Consejo Económico y Social.*

§ Plazos en el procedimiento administrativo: es el lapso temporal fijado legalmente o por la Administración competente para la realización de alguna acción por parte del interesado o por parte de la Administración. Los plazos pueden señalarse en horas, días, meses o años.

> *Ejemplo: partiendo de que legalmente las notificaciones deben ser cursadas dentro del plazo de diez días a partir de la fecha en el que el acto haya sido dictado. Cuando el Ministerio de Educación, Formación Profesional y Deportes resuelve las Becas de Estudios de Grado tiene un plazo de diez días para notificar a los estudiantes.*

§ Potestad administrativa: se trata del poder unilateral que tiene la Administración, atribuido por una norma con rango de ley para la satisfacción del interés general. Este poder no es ilimitado, sino que debe ejercerse según lo previsto por ley (siguiendo un procedimiento determinado y con las garantías que se establezcan) y estará sometido a control administrativo y judicial.

> *Ejemplo: la potestad sancionadora, por la cual la Administración tiene el poder de imponer una sanción en caso de que un administrado lleve a cabo una conducta tipificada como infracción.*

§ **Potestad reglamentaria:** poder que tiene la Administración de emitir normas con rango inferior a la ley. Este poder le corresponde tanto al Gobierno central como al de las Comunidades Autónomas.

Ejemplo: los Reales Decretos aprobados por el Gobierno Central o los Decretos de los Gobiernos autonómicos.

§ **Prescripción:** institución jurídica según la cual se determina un efecto jurídico por el transcurso de un plazo de tiempo determinado.

Ejemplo: si por la caída de una farola de la vía pública (por culpa de la Administración) a algún ciudadano se le rompe la luna, tendrá un plazo de un año para iniciar el procedimiento de responsabilidad patrimonial. Transcurrido ese año, prescribe su derecho a reclamar el pago por los daños al coche.

§ **Principio de impulsión de oficio o principio de oficialidad:** en virtud de este principio, será la Administración y no el interesado la responsable de, una vez iniciado el procedimiento administrativo, desarrollar la actividad necesaria para que éste llegue a su fin.

Ejemplo: si un administrado solicita el carné de conducir tras aprobar el examen de conducir será la Administración quién realice toda la tramitación interna, limitándose el administrado a la simple solicitud.

§ **Procedimiento administrativo:** es el conjunto de cauces formales legalmente establecidos que deben seguir las Administraciones cuando ejercen una potestad o dictan un acto administrativo.

Ejemplo: si la Administración requiere el reintegro de la beca de matrícula a un estudiante por no haber superado los créditos establecidos, la Administración no podrá hacerlo de cualquier forma, sino que deberá seguir los cauces y las garantías establecidas legalmente.

§ **Publicidad:** obligación de la Administración de publicar sus actos, resoluciones, normas, etcétera en los medios que establezca la ley para cada caso concreto.

Ejemplo: la Administración debe publicar las convocatorias y las bases de selección cuando inicie un proceso selectivo.

§ **Recusación:** el interesado podrá solicitar la separación de un funcionario determinado de un procedimiento administrativo del que es interesado cuando dicha persona tenga interés personal en el procedimiento; vínculo de parentesco, matrimonial, de amistad o enemistad con alguna de las personas que participan; haya intervenido como perito o testigo o tenga relación de servicio con persona natural o jurídica relacionadas con el procedimiento.

> *Ejemplo: si una persona ha sido sancionada por conducir a más velocidad de la permitida y el instructor del procedimiento sancionador es su enemigo manifiesto, el interesado podrá solicitar que su enemigo se aparte y sea nombrado otro instructor.*

§ **Recursos administrativos:** forma de defensa de los ciudadanos ante las resoluciones y actos de la Administración ante la propia Administración, diferentes son los recursos judiciales, que se interponen ante los Tribunales.

> *Ejemplo: si una persona ha sido sancionada por tomar bebidas alcohólicas en la vía pública y el interesado quiere alegar alguna cuestión, recurrirá dicha sanción ante la Administración.*

§ **Recurso de alzada:** recurso administrativo que se interpone contra resoluciones y actos que no ponen fin a la vía administrativa. Se recurren ante el órgano superior jerárquico del que dictó la resolución o el acto.

§ **Recurso extraordinario de revisión:** recurso administrativo que se interpone contra actos firmes en vía administrativa ante el órgano que los dictó, cuando concurran alguna de las circunstancias establecidas en el art. 125 LPAC.

> *Ejemplo: si el acto es firme en vía administrativa, pero se dictó como consecuencia de un documento declarado falso por sentencia judicial firme.*

§ **Recurso potestativo de reposición:** recurso administrativo que se interpone contra resoluciones y actos que ponen fin a la vía administrativa. Se recurren ante el mismo órgano que dictó el acto o resolución.

§ **Renuncia:** forma de terminación del procedimiento administrativo resultado del desistimiento del propio interesado.

> *Ejemplo: si un administrado exige a la Administración la devolución de un cobro indebido y renuncia a él antes de recibirlo.*

§ **Representante:** los interesados pueden actuar en el procedimiento por medio de un representante. En ese caso, la Administración se comunicará con él directamente, dependiendo de la naturaleza de la actuación administrativa la representación se acreditará de una forma u otra.

> *Ejemplo: si un administrado acude a un gestor administrativo a que realice su declaración de la renta, el gestor será su representante ante la Administración.*

§ **Resolución:** acto administrativo de carácter decisorio emitido por autoridad o funcionario público de forma oral o escrita.

> *Ejemplo: cuando una administración abre un proceso selectivo, una vez se comprueba el cumplimiento de los requisitos establecidos por los aspirantes, se emite una resolución con los aspirantes admitidos y excluidos.*

§ **Responsabilidad patrimonial:** en virtud de ella, los particulares tienen derecho a ser indemnizados por las Administraciones Públicas correspondientes, de toda lesión que sufran en cualquiera de sus bienes y derechos, siempre que la lesión sea consecuencia del funcionamiento de los servicios públicos salvo en casos de fuerza mayor.

> *Ejemplo: si un ciudadano se rompe una pierna por culpa del mal estado de la vía pública.*

§ **Sanción:** consecuencia jurídica por llevar a cabo una conducta tipificada como infracción. Las sanciones pueden ser de naturaleza pecuniaria o no pecuniaria, pero nunca podrán implicar, directa o subsidiariamente, privación de libertad.

> *Ejemplo: si alguien usa el móvil mientras conduce será sancionado con el pago de una multa de tráfico (sanción pecuniaria).*

§ **Secretario de Estado:** es un órgano superior de la Administración General del Estado, inferior jerárquicamente al Ministro y responsable directo de la ejecución de la acción del Gobierno en un sector de actividad específico. Podrán ser elegidos libremente a propuesta del Presidente del Gobierno o del Ministro del Ministerio al que pertenezca la Secretaría de Estado.

§ **Secretario general:** es un órgano directivo de la Administración General del Estado e inferior jerárquicamente al Secretario de Estado, cuya elección habrá de efectuarse entre personas con cualificación y experiencia en el desempeño de puestos de responsabilidad en la gestión pública o privada.

§ **Sector público:** denominación que engloba a la Administración General del Estado, las Administraciones de las Comunidades Autónomas, las Entidades que integran a la Administración Local y el sector público institucional.

§ **Sede electrónica:** es aquella dirección electrónica a la que pueden acceder los administrados para realizar trámites con una administración determinada.

> *Ejemplo: en la sede electrónica de la Agencia Tributaria puede presentarse la declaración de la renta de las personas físicas.*

§ **Silencio administrativo:** estimación (silencio administrativo positivo) o desestimación (silencio administrativo negativo) de las pretensiones del administrado por la falta de respuesta de la Administración dentro del plazo legalmente establecido.

> *Ejemplo: si se solicita una subvención y se establece que hay silencio administrativo negativo, una vez transcurra el plazo de resolución sin respuesta, deberá entenderse denegada la subvención.*

§ **Suspensión:** lapso temporal en el cual el cómputo de los plazos administrativos se detiene.

50 CONCEPTOS DE DERECHO CONSTITUCIONAL

Prof. Dr. José Luis Mateos Crespo

Área de Derecho Constitucional
Universidad de Salamanca

I. Aproximación y conceptualización del Derecho Constitucional

El Derecho Constitucional tiene su origen en España en la Constitución de Cádiz de 1812 que, a pesar de su escasa vigencia, sí destacó por los significativos avances introducidos en el ordenamiento jurídico español con cuestiones como la limitación del poder del Rey y el reconocimiento de la soberanía nacional. Destacaba también que, en su artículo 368, se estableció el «deber de explicar la Constitución política de la Monarquía en todas las Universidades y Centros donde se enseñasen ciencias eclesiásticas y políticas», poniendo de relieve la importancia del texto constitucional para la formación del pueblo español.

Tras el primigenio texto constitucional español, el Derecho Constitucional se diluyó primero en el Derecho Público y, más tarde, bajo el concepto de Derecho Político como teoría general sobre el Estado y sus formas de organización, cuyo objeto de estudio, las constituciones, carecían de contenido normativo y, por tanto, se configuraba más como saber filosófico e histórico y no tanto como verdadera ciencia jurídica. La fugaz vigencia de la primera constitución normativa de 1931 tampoco permitió instaurar la disciplina del Derecho Constitucional, debiendo esperar hasta la restauración de la Democracia con la Constitución de 1978 para que el Derecho Constitucional se consolide como un saber jurídico.

El Derecho Constitucional es, por lo tanto, la rama o disciplina del Derecho que forma parte del Derecho Público que tiene por objeto principal el estudio de la Constitución como norma fundamental del ordenamiento jurídico a la que están sometidas el resto de las normas del ordenamiento y en la que se establecen, como cuestiones principales, la organización del Estado, el sistema de fuentes y el catálogo de derechos y libertades públicas de los ciudadanos. Además de la Constitución, la disciplina constitucional tiene por objeto el estudio de otras normas del ordenamiento jurídico, en especial, las vinculadas a aquélla como son los estatutos de autonomía, las leyes orgánicas o los reglamentos parlamentarios.

Como parte del contenido propio de los textos constitucionales, esta disciplina se ocupa, por tanto, del estudio de los principios, los valores y las reglas propias de la organización del Estado, esto es, las normas de organización de los poderes del Estado y las relaciones entre ellos, así como los límites en el ejercicio del poder.

También desde el Derecho Constitucional se profundiza en el conocimiento e interpretar los valores, los principios y los derechos reconocidos en el texto constitucional, además de las garantías para su protección frente al ejercicio y los abusos del poder. Asimismo, la labor de interpretación y protección de la Constitución por el Tribunal Constitucional supone una fuente de conocimiento y actualización para la disciplina ante eventuales conflictos que se plantean por la actuación de los poderes públicos.

II. Legislación básica de referencia

- Constitución española de 1978

- Ley Orgánica 2/1979, de 3 de octubre, del Tribunal Constitucional

- Ley Orgánica 3/1981, de 6 de abril, del Defensor del Pueblo

- Ley Orgánica 5/1985, de 19 de junio, del Régimen Electoral General

- Ley Orgánica 6/1985, de 1 de julio, del Poder Judicial

- Ley 50/1997, de 27 de noviembre, del Gobierno

III. Definición de conceptos básicos

§ Aconfesionalidad del Estado: principio definitorio de la posición del Estado en relación con el hecho religioso sin que ninguna confesión tenga carácter estatal u oficial.

> *Ejemplo: el Estado español declara su aconfesionalidad en el artículo 16.3 de la Constitución.*

§ Aforamiento o fuero especial: prerrogativa que ostentan determinadas personas por razón de su cargo y funciones, mediante la cual se atribuye la competencia para que sean juzgadas por un órgano jurisdiccional distinto del que tiene la competencia general.

> *Ejemplo: los diputados del Congreso sólo pueden ser juzgados por el Tribunal Supremo.*

§ Bicameralismo: división del Parlamento en dos cámaras o asambleas de representación.

> *Ejemplo: en España, el Parlamento o Cortes Generales lo integran el Congreso y el Senado.*

§ Bloque de constitucionalidad: conjunto de normas jurídicas que, además de la Constitución, el órgano de garantías, esto es, el Tribunal Constitucional, debe considerar como parámetro a la hora de determinar el encaje constitucional de otras normas que sean objeto de su análisis e interpretación.

> *Ejemplo: los Estatutos de Autonomía.*

§ Censo electoral: registro oficial, permanente y único para todos los procesos electorales de todas aquellas personas con derecho de sufragio, siendo la inscripción en el mismo un requisito indispensable para ejercer tal derecho.

§ Cláusula de intangibilidad: disposición que limita o restringe la reforma del texto constitucional por voluntad del constituyente para que determinadas materias gocen de especial protección frente a eventuales reformas posteriores a la aprobación.

> *Ejemplo: el artículo 89 de la Constitución francesa establece que «no podrá la forma republicana de gobierno ser objeto de reforma».*

§ **Consejo de Estado**: órgano supremo consultivo del Gobierno con relevancia constitucional y cuya función principal es dictaminar sobre las consultas formadas por el Gobierno, velando por la observancia de la Constitución y del resto del ordenamiento jurídico, así como por el correcto funcionamiento de la Administración pública.

§ **Consejo de ministros**: principal órgano colegiado de decisión del Gobierno compuesto por el presidente, los vicepresidentes y los ministros, con reuniones periódicas de carácter deliberante y/o decisorio a las que también podrán asistir secretarios de Estado y otros altos cargos convocados a tal efecto.

§ **Consejo General del Poder Judicial**: órgano constitucional de gobierno del poder judicial, colegiado, autónomo e integrado por jueces y otros juristas, cuyas funciones se dirigen a garantizar la independencia de los jueces en el ejercicio de la función judicial.

§ **Constitución**: norma fundamental del ordenamiento jurídico que define el sistema político, la forma de gobierno, los valores, los principios políticos y jurídicos por los que se rige; la configuración y organización de los poderes del Estado y los límites al ejercicio del poder; el catálogo de derechos de especial protección por el ordenamiento jurídico, sus garantías y deberes; así como el órgano que, en última instancia, garantiza su cumplimiento, y el procedimiento para su reforma.

§ **Cuestión de confianza**: mecanismo constitucional por la que el presidente del Gobierno plantea ante la cámara que invistió si ratifica su confianza o, en sentido contrario, no se mantiene; bien en relación con el programa general de Gobierno o bien en relación con una cuestión de política general. La confianza se otorga por la mayoría simple de los votos y, en caso de que no se obtenga, implica el cese del Gobierno.

§ **Cuestión de inconstitucionalidad**: mecanismo de control planteado por un juez o tribunal ante el Tribunal Constitucional al considerar que la aplicación de una norma con rango de ley aplicable al caso enjuiciado y de cuya validez depende el fallo, puede ser contraria a la Constitución.

> *Ejemplo: cuestión de inconstitucionalidad núm. 286/1984, promovida por la Sala de lo Contencioso Administrativo de la Audiencia Territorial de Pamplona, por supuesta inconstitucionalidad del art. 527 a) de la Ley de Enjuiciamiento Criminal.*

§ **Deber constitucional**: obligación o mandato establecido en la Constitución que normalmente requiere de desarrollo legislativo para su concreción y que tiene por objetivo garantizar la vida en sociedad y contribuir a la defensa de los intereses generales.

> *Ejemplo: deber de conocer el castellano como lengua oficial del Estado (art. 3.2 CE).*

§ **Decreto legislativo**: norma con rango de ley dictada por el Gobierno en virtud de una delegación previa de las Cortes Generales, de modo que el Gobierno ejerce una potestad legislativa delegada y sometida a ciertos límites definidos por la Constitución.

> *Ejemplo: Real Decreto Legislativo 5/2015, de 30 de octubre, por el que se aprueba el texto refundido de la Ley del Estatuto Básico del Empleado Público.*

§ **Real Decreto-Ley**: norma con rango de ley que emana del Gobierno en caso de extraordinaria y urgente necesidad sin que exista delegación previa por parte de las Cortes Generales, vedado a determinadas materias —por ejemplo, no puede afectar a derechos y libertades del Título I de la Constitución— y con vigencia limitada a un periodo máximo de 30 días, que puede extenderse con la convalidación por el Congreso de los Diputados.

> *Ejemplo: Real Decreto-ley 6/2023, de 19 de diciembre, por el que se aprueban medidas urgentes para la ejecución del Plan de Recuperación, Transformación y Resiliencia en materia de servicio público de justicia, función pública, régimen local y mecenazgo.*

§ **Defensor del Pueblo**: órgano configurado constitucionalmente como Alto Comisionado de las Cortes Generales encargado de la defensa de los derechos fundamentales y las libertades públicas de los ciudadanos a través de la supervisión de la actividad de las administraciones públicas.

§ **Democracia**: sistema político o forma de gobierno en el que la soberanía reside en el pueblo que la ejerce directamente o a través de representantes elegidos mediante el voto en elecciones libres y periódicas.

§ **Derecho fundamental**: categoría de derecho inherente a la persona, derivado de la dignidad humana y que goza de la máxima protección según lo establecido en la Constitución con el establecimiento de garantías reforzadas frente a posibles lesiones por terceros.

> *Ejemplo: derecho a la vida (art. 15 CE).*

§ **Derecho objetivo**: conjunto de normas que rigen las relaciones de las personas que viven en sociedad estableciéndose medidas coercitivas para garantizar su obligado cumplimiento.

§ **Derecho subjetivo**: poder o facultad atribuida por una norma a un sujeto en el marco de un derecho objetivo y en virtud del cual puede realizar un acto o exigir la realización de determinados actos.

§ **Diputación permanente**: órgano de especial naturaleza que vela por los poderes de la Cámara cuando no está reunida, cumpliendo el papel de sustituto del Pleno de la Cámara para garantizar la continuidad de la actividad parlamentaria asumiendo sus funciones cuando se disuelve, haya expirado su mandato o fuera del periodo ordinario de sesiones.

§ **Estado autonómico**: forma de organización territorial del poder político en Comunidades Autónomas, dotándolas de autonomía para el ejercicio de las competencias atribuidas por su Estatuto de Autonomía en el marco de la Constitución.

§ **Estado de Derecho**: modelo de Estado en el que los poderes públicos se someten al imperio de la ley, esto es, al cumplimiento de lo establecido en las normas que integran el ordenamiento jurídico con pleno respeto a sus principios.

§ **Estado Democrático**: régimen político en el que la soberanía reside en el pueblo que participa políticamente bien directamente o a través de sus representantes elegidos mediante el voto en elecciones libres y periódicas.

§ **Estado Social**: modelo que propugna el reconocimiento de derechos de carácter social a la ciudadanía y la intervención del Estado en la economía con una actividad prestacional para garantizar el ejercicio de tales derechos y unas condiciones de vida digna corrigiendo los desequilibrios económicos, frente a la abstención estatal propia del Estado liberal.

§ **Estado**: organización política soberana de una determinada población que se ha asentado en un territorio definido y para cuyo gobierno como comunidad política se dota de instrumentos jurídicos para garantizar un adecuado funcionamiento y convivencia pacífica.

§ **Estatuto de autonomía**: norma institucional básica de cada comunidad autónoma por medio de la que se hace efectivo el derecho de autonomía y en cuyo contenido se establece la identificación de la comunidad, las instituciones de autogobierno y las competencias asumidas dentro de los límites que establece el marco constitucional.

> *Ejemplo: Ley Orgánica 14/2007, de 30 de noviembre, de reforma del Estatuto de Autonomía de Castilla y León.*

§ **Forma de Gobierno o forma política del Estado**: forma de organización del poder del Estado constitucional en función de la posición que ocupan los poderes del Estado-ejecutivo, legislativo y judicial y las relaciones entre sí.

> *Ejemplos: parlamentarismo y presidencialismo.*

§ **Forma o modelo de Estado**: forma que adopta el Estado sobre la base de la relación existente entre sus tres elementos constitutivos, esto es, territorio, población y soberanía.

> *Ejemplos: en función de la relación entre soberanía y territorio: Estado unitario, Estado regional o Estado federal. En función de la relación entre soberanía y pueblo: democracia y autocracia.*

§ **Gobierno**: órgano titular del poder ejecutivo a cuyo frente se sitúa el presidente y al que corresponde la dirección de la política interior y exterior, la Administración civil y militar y la defensa del Estado; ejerce la función ejecutiva y la potestad reglamentaria de acuerdo con la Constitución y las leyes.

§ **Grupo parlamentario**: conjunto de parlamentarios agrupados en función de su adscripción o afiliación política en el ámbito de la cámara parlamentaria a la que pertenecen.

§ **Inmunidad parlamentaria**: prerrogativa de los parlamentarios que opera como garantía de protección personal prohibiendo su detención salvo en caso de flagrante delito e impide el procesamiento sin la previa autorización (o suplicatorio) de la cámara a la que pertenezcan.

§ **Investidura**: procedimiento constitucional por medio del cual el Parlamento otorga su confianza para investir y nombrar al presidente del Gobierno a través de las reglas y la mayoría establecidas en la propia Constitución.

§ **Inviolabilidad parlamentaria**: prerrogativa de los parlamentarios en relación con sus opiniones o manifestaciones realizadas en el ejercicio de sus funciones como tales, que los protege frente a cualquier procedimiento iniciado contra los mismos.

§ **Ley orgánica**: ley que regula materias reservadas por la Constitución a la misma como sucede con el desarrollo de los derechos fundamentales que gozan de especial protección o la regulación de órganos constitucionales y para cuya aprobación se requiere mayoría absoluta del Congreso.

> *Ejemplo: Ley Orgánica 2/1979, de 3 de octubre, del Tribunal Constitucional.*

§ **Moción de censura**: procedimiento constitucional mediante el que el Parlamento retira la confianza otorgada al presidente del Gobierno en la investidura, de modo que su aprobación provoca su dimisión y el cese de todo el Gobierno.

> *Ejemplo: moción de censura en mayo de 1980 al Gobierno presidido por Adolfo Suárez, presentada por los Grupos Parlamentarios Socialistas del Congreso, Socialistes de Catalunya y Socialistas Vascos, con propuesta como candidato a la Presidencia del Gobierno de Felipe González. Fue rechazada al no haber obtenido la mayoría absoluta de la Cámara (el resultado fue: 152 votos a favor; 166 votos en contra; 21 abstenciones; 11 ausencias).*

§ **Monarquía parlamentaria**: forma política del Estado con sistema representativo en la que el monarca es el jefe del Estado pero su capacidad política y decisoria es casi nula, de modo que sus actos son refrendados bien por el presidente del Gobierno o por ministros que serán responsables de la realización de tales actos.

§ Parlamento: cámara o asamblea de representación de la soberanía popular en un Estado democrático, cuyos miembros son elegidos en elecciones libres y periódicas, y donde se deliberan y aprueban las leyes, por lo que destaca su función legislativa como titular del poder legislativo; si bien desarrollan otras funciones como la de control al Ejecutivo.

§ Partido político: agrupación voluntaria y permanente de personas en torno a un ideario o ideología, con una organización estable y la finalidad de alcanzar cotas de poder político mediante la competencia democrática a través del respaldo de la ciudadanía en elecciones libres y periódicas.

§ Poder constituyente: facultad ejercida para constituir una nueva realidad jurídico-política que otorga legitimidad al Estado surgido en el momento fundacional con la elaboración y aprobación de la Constitución.

§ Principio de autonomía: reconocimiento del derecho de acceso a la autonomía de las nacionalidades y las regiones integrantes de la Nación española para constituirse como Comunidades Autónomas, de acuerdo con las previsiones constitucionales.

§ Principio dispositivo: en relación con el derecho a la autonomía reconocido en la Constitución, se refiere a la facultad de los territorios para constituirse como comunidad autónoma, disponer de su propia organización política y administrativa y asumir el nivel de competencias que permite el texto constitucional y las leyes de ámbito estatal.

§ Proceso constituyente: conjunto de fases o procesos por medio de los que se alcanza la instauración de un régimen constitucional, ya sea *ex novo* o sobre un Estado previamente existente.

§ Recurso de amparo: procedimiento ante el Tribunal Constitucional con el objetivo de garantizar la protección de los derechos fundamentales reconocidos en la Constitución y que puede iniciarse por la persona cuyo derecho ha sido lesionado, por el Ministerio Fiscal o por el Defensor del Pueblo.

> *Ejemplo: Recurso de amparo interpuesto por el Defensor del Pueblo el 7 de abril de 2015, contra la Sentencia de 16 de febrero de 2015, de la sección séptima de la Sala Tercera del Tribunal Supremo.*

§ Recurso de inconstitucionalidad: procedimiento constitucional mediante el que el Tribunal Constitucional garantiza la supremacía de la Constitución y enjuicia la conformidad o disconformidad constitucional de las leyes, las disposiciones normativas y los actos con fuerza de ley tanto del Estado como de las Comunidades Autónomas.

> *Ejemplo: recurso de inconstitucionalidad 4057-2021, interpuesto por cincuenta diputados del Congreso de los Diputados contra la Ley Orgánica 3/2021, de 24 de marzo, de regulación de la eutanasia y, subsidiariamente, contra los siguientes preceptos: arts. 1; 3, apartados b), c), d), e) y h); 4.1; 5, apartados 1 c) y 2; 6.4; 7.2; 8.4; 9; 12 a) apartado cuarto; 16; 17; 18 a) párrafo cuarto; disposiciones adicionales primera y sexta; y disposición final tercera (en relación con el art. 16.1 y con la disposición adicional sexta).*

§ Recurso previo de inconstitucionalidad: recurso cuyo objeto es la impugnación ante el Tribunal Constitucional del texto definitivo de los proyectos o propuestas de reforma de los Estatutos de Autonomía, una vez aprobado por las Cortes Generales, siendo el plazo de su interposición de tres días desde la publicación del texto aprobado en el Boletín de las Cortes Generales.

§ Referéndum: instrumento de democracia directa por el que se someten a consulta o ratificación del cuerpo electoral normas o decisiones políticas de especial trascendencia, existiendo distintas modalidades en función de la materia sometida a votación y si el resultado es o no vinculante.

> *Ejemplo: referéndum de 12 de marzo de 1986 sobre la permanencia de España en la OTAN.*

§ Sistema electoral: conjunto de reglas y aspectos que determinan la forma en que el cuerpo electoral puede elegir a sus representantes, así como la transformación de los votos en escaños y su distribución entre las distintas candidaturas que concurren a las elecciones.

> *Ejemplo: sistema electoral uninominal a doble vuelta.*

§ Soberanía: poder supremo y no sometido a límites que posee un Estado para garantizar su independencia, dotarse de una constitución y adoptar decisiones de carácter político con trascendencia interna y hacia el exterior.

§ Tribunal Constitucional: órgano constitucional configurado como intérprete supremo de la Constitución y garantiza su cumplimiento y respeto, independiente de los demás órganos constitucionales del Estado, sometido sólo a la Constitución y a la ley orgánica que lo regula, siendo único en su orden y con jurisdicción en todo el territorio nacional.

50 CONCEPTOS DE DERECHO FINANCIERO Y TRIBUTARIO

Profa. Dra. Nora Libertad Rodríguez Peña

Área de Derecho Financiero y Tributario
Universidad de Salamanca

I. Planteamientos generales y finalidad

El Derecho Financiero y Tributario se imparte en los planes de estudio de las Facultades de Derecho de las universidades españolas como una única asignatura cuyo contenido integral se divide mayoritariamente en parte general y parte especial. Sin embargo, se trata de una rama del Derecho que tiene por objeto de estudio el sector del ordenamiento jurídico que regula la constitución y gestión de la Hacienda Pública, esto es, la actividad financiera encaminada, por un lado, a la obtención de ingresos y, por otro, a la realización de gastos con los que poder satisfacer determinadas necesidades colectivas. De ahí, que esta rama del Derecho en realidad englobe dos disciplinas jurídicas distintas que gozan de un contenido y autonomía científica propia pero complementaria, por un lado, el Derecho Financiero y, por otro, el Derecho Tributario.

El Derecho Financiero, es la disciplina jurídica que tiene por objeto de estudio la vertiente de la actividad financiera destinada a la organización y regulación del gasto público realizado por las entidades públicas territoriales e institucionales que son representativas de intereses generales y de intereses, que, aun no siendo generales, alcanzan una indudable relevancia pública. En otras palabras, el Derecho Financiero es el conjunto de normas a través de las cuales los ingresos públicos se destinan de forma efectiva a la financiación de las necesidades públicas. En esta disciplina, el *Presupuesto* adquiere una significación especial puesto que el Derecho Financiero regulará los principios presupuestarios y los procedimientos administrativos a través de los cuales se aprueban, ejecutan y controlan las decisiones relativas al empleo de los ingresos públicos por parte del Estado y los entes territoriales e institucionales en que se desdobla.

Por su parte, el Derecho Tributario es la disciplina jurídica que tiene por objeto de estudio la otra vertiente de la actividad financiera, la obtención de ingresos públicos, es decir, el establecimiento y aplicación de los tributos. El *tributo* se convierte así en el instituto jurídico vertebrador del Derecho Tributario puesto que su finalidad principal es servir de medio para la obtención de ingresos públicos.

Como adelantamos al principio de estas líneas, la asignatura de Derecho Financiero y Tributario se agrupa tradicionalmente en dos grandes partes que no se relacionan con la división de disciplinas que acabamos de apuntar. En cambio, en la primera, *Parte General*, se estudian los conceptos básicos que permiten la comprensión de lo que es el tributo y, en definitiva, de su poderosa individualidad. Se estudia su concepto como instituto jurídico, las categorías específicas que pueden reconducirse al género tributo, sus fuentes normativas, la individualización de los entes públicos a los que la Constitución y las leyes reconocen la potestad para establecer, suprimir y recaudar tributos, los procedimientos de aplicación (gestión, inspección y recaudación), sanción y revisión de los mismos, y, de forma casi residual, se estudia el presupuesto público (concepto, función, principios presupuestarios, contenido, efectos), el procedimiento presupuestario, y su control, de forma muy general. En la segunda, *Parte Especial*, se estudian los distintos sistemas tributarios de los entes públicos territoriales. Es decir, se analizan las distintas modalidades de tributos vigentes en cada uno de los ordenamientos tributarios, entiéndase, el de la Administración Central del Estado, el Autonómico y el Local, así como las técnicas de articulación normativas entre los distintos tributos.

En vista de esta atípica distribución del contenido de la asignatura que prioriza con mayor carga de contenido al Derecho Tributario frente al Derecho Financiero, en esta sección se han seleccionado 50 conceptos jurídicos que, a pesar de intentar englobar de forma conjunta a ambas disciplinas jurídicas, desarrolla en mayor cantidad aquellos conceptos que se estudian en el Derecho Tributario frente a aquellos propios del Derecho Financiero.

II. Legislación básica de referencia

A) **Derecho Financiero:**

- Ley 47/2003, de 26 de noviembre, General Presupuestaria
- Ley 31/2022, de 23 de diciembre, de Presupuestos Generales del Estado para el año 2023 (Presupuestos de 2023 prorrogados para 2024 por el Real Decreto-ley 8/2023, de 27 de diciembre, por el que se adoptan medidas para afrontar las consecuencias económicas y sociales derivadas de los conflictos en Ucrania y Oriente Próximo, así como para paliar los efectos de la sequía)
- Ley Orgánica 8/1980, de 22 de septiembre, de Financiación de las Comunidades Autónomas
- Ley 22/2009, de 18 de diciembre, por la que se regula el sistema de financiación de las Comunidades Autónomas de régimen común y Ciudades con Estatuto de Autonomía y se modifican determinadas normas tributarias
- Ley 7/1985, de 2 de abril, Reguladora de las Bases del Régimen Local

B) **Derecho Tributario:**

- Ley 58/2003, de 17 de diciembre, General Tributaria y su Reglamento Real Decreto 520/2005, de 13 de mayo, por el que se aprueba el Reglamento general de desarrollo de la Ley 58/2003, de 17 de diciembre, General Tributaria, en materia de revisión en vía administrativa
- Real Decreto 1065/2007, de 27 de julio, por el que se aprueba el Reglamento General de las actuaciones y los procedimientos de gestión e inspección tributaria y de desarrollo de las normas comunes de los procedimientos de aplicación de los tributos
- Real Decreto 939/2005, de 29 de julio, por el que se aprueba el Reglamento General de Recaudación
- Real Decreto 2063/2004, de 15 de octubre, por el que se aprueba el Reglamento general del régimen sancionador tributario
- Real Decreto Legislativo 2/2004, de 5 de marzo, por el que se aprueba el texto refundido de la Ley Reguladora de las Haciendas Locales
- Ley 8/1989, de 13 de abril, de Tasas y Precios Públicos

III. Definición de conceptos básicos

§ **Aplazamiento de pago:** es un procedimiento administrativo excepcional que se enmarca en la fase de recaudación de los tributos. Se inicia previa solicitud del obligado tributario cuando su situación económico-financiera le impida de forma transitoria efectuar el pago de una deuda (que se encuentre en período voluntario en favor de la Administración) en el plazo que establece la ley.

Ejemplo: Amelia es propietaria de un bien inmueble que explota para su empresa por el que en 2023 debe pagar 6.000 € en concepto de IBI (deuda tributaria). Sin embargo, Amelia sufre una iliquidez causada por un exceso de stock de su producto ocasionado por una caída de su posición en el mercado. Esta situación ha generado falta dinero efectivo suficiente para pagar la deuda en el fin de plazo del periodo voluntario que finalizaba el 1 de julio de 2024. Amelia inicia el procedimiento de aplazamiento de pago el 1 de junio de 2024 (dentro del período voluntario de pago y sin que la deuda estuviera vencida) y la Administración tributaria resuelve positivamente la solicitud el 22 de noviembre de 2024 concediendo un aplazamiento del pago de la deuda por 12 meses por lo que la fecha del nuevo vencimiento de la deuda será el 1 de julio de 2025.

§ **Apremio:** es un procedimiento tributario realizado de oficio y de forma unilateral por la Administración tributaria en la fase de recaudación de los tributos. También es denominado como «período ejecutivo» y se inicia tras el incumplimiento del pago del tributo por el obligado tributario durante el período voluntario. Tiene como finalidad la ejecución forzosa del patrimonio del deudor en la cuantía suficiente para cubrir la deuda tributaria no satisfecha a la Administración.

Ejemplo: Con fecha 10 de septiembre de 2024, el señor Hernández recibe una liquidación provisional del IRPF del ejercicio 2023 por 2.000 euros. Transcurren los plazos y no ingresa la deuda. Con fecha 2 de noviembre de 2024 recibe la notificación de providencia de apremio. El obligado no ingresa la deuda en el plazo del artículo 62.5 de la LGT por lo que a partir del 21 de noviembre de 2024 la Administración podrá ejecutar las garantías o embargar sus bienes y derechos. Si el señor Hernández no quiere ver embargado sus bienes y derechos deberá abonar la deuda pendiente (2.000 euros), el recargo de apremio ordinario (20 %: 400 euros), los intereses de demora del periodo ejecutivo y, en su caso, las costas del procedimiento de apremio.

§ Autoliquidación: la autoliquidación es la piedra angular del actual sistema general de gestión de los tributos. Por medio de la autoliquidación la Administración tributaria delega a los administrados la concreción de su deber de contribuir, es decir que además de comunicar a la Administración los datos necesarios para la liquidación del tributo y otros de contenido informativo, aquellos realizan por sí mismos las operaciones jurídicas y aritméticas para determinar e ingresar el importe de la deuda tributaria, o, en su caso, determinar la cantidad que resulte a devolver o a compensar.

Ejemplo: La declaración, cuantificación e ingreso de la deuda tributaria de un empresario (obligado tributario) del Impuesto sobre el Valor Añadido (IVA) se realiza a través de la cumplimentación por parte del obligado del Modelo 303 disponible en la Sede Electrónica de la AEAT. La presentación de este Modelo y el correspondiente ingreso de la deuda configuran la autoliquidación del impuesto.

§ Base imponible: es la medida del hecho imponible de un tributo. Es decir, la base imponible es el conjunto de elementos que se tomarán en consideración para la cuantificación de la obligación tributaria principal y de la obligación de realizar pagos a cuenta (si la configuración del tributo lo previera). De forma sustantiva se puede definir como la magnitud dineraria o de otra naturaleza que resulta de la medición o valoración del hecho imponible.

Ejemplo: En el Impuesto sobre Bienes Inmuebles (IBI) el hecho imponible es la titularidad de los siguientes derechos sobre bienes inmuebles rústicos y urbanos y sobre los inmuebles de características especiales localizados en un municipio: De una concesión administrativa sobre los propios inmuebles o sobre los servicios públicos a que se hallen afectos; De un derecho real de superficie; De un derecho real de usufructo; Del derecho de propiedad. La base imponible de este impuesto está constituida por el valor catastral de los bienes inmuebles afectos por alguno de esos derechos. Si Ramona es titular de un derecho de propiedad sobre un piso, será sobre el valor catastral de dicho piso (base imponible) sobre el que se calculará la deuda tributaria que deberá pagar a la Administración.

§ Base liquidable: la base liquidable es el resultado de aplicar a la base imponible de un tributo las reducciones que la ley indica en favor del contribuyente.

Ejemplo: El Impuesto sobre Sucesiones en Castilla y León tiene como hecho imponible las adquisiciones de bienes y derechos por

*herencia, legado o cualquier otro título sucesorio, así como la per-
cepción de cantidades por los beneficiarios de seguros sobre la vida
en caso de muerte del asegurado. La legislación autonómica prevé
una reducción del 99 % en las adquisiciones cuando la persona cau-
sante sea víctima del terrorismo o víctima de violencia de género o
cuando el adquiriente sea víctima del terrorismo. Por tanto, si Juan
fallece como consecuencia de un acto terrorista y hereda su piso
de Segovia a su hija Estela, ésta deberá pagar a la Hacienda autonómica el Impuesto sobre Sucesiones. La base imponible de este
impuesto es el valor de los bienes y derechos minorado por las cargas y deudas que fueren deducibles, es decir, el valor del piso menos
las deudas y gastos deducibles, 95.000 euros. La cuantificación de la
deuda tributaria de Estela se practicará sobre la base liquidable, es
decir, una vez restado el 99 % de reducción a la base imponible, por
tanto, el impuesto se calculará sobre 950 euros.*

§ **Bonificación**: es un beneficio fiscal establecido por el legislador
mediante ley que se concede al sujeto pasivo de un tributo y que consiste en minorar, total o parcialmente, la cuota tributaria a satisfacer
por el sujeto pasivo en un porcentaje de la base imponible total, de la
obtenida por el ejercicio de determinada actividad, o de la generada
en un determinado territorio. Pueden configurarse como exenciones,
deducciones, reducciones o desgravaciones.

*Ejemplo: En el Impuesto sobre Donaciones, la Comunidad de Cas-
tilla y León tiene configurada una bonificación en adquisiciones
«inter vivos». Por tanto, en adquisiciones lucrativas «inter vivos»,
se aplicará una bonificación del 99 % en la cuota del impuesto
siempre que el adquirente sea cónyuge, descendiente o adoptado,
o ascendiente o adoptante del donante.*

§ **Capacidad económica:** es el principio nuclear del sistema tributario
de un Estado de Derecho y es el presupuesto para la adecuada aplicación de todos los demás principios de justicia material (generalidad,
igualdad, progresividad y no confiscatoriedad). Desde el punto de vista
estrictamente jurídico-positivo, supone que el sujeto pasivo del tributo
debe ser titular de riqueza gravable con arreglo a la normativa tributaria
vigente. Esta riqueza se define como la aptitud del sujeto para contribuir
al sufragio de los gastos públicos. Y, desde el punto de vista ético-eco-
nómico, es decir, de justicia económica material es la aptitud económica del sujeto para soportar y ser destinatario de tributos.

*Ejemplo: Se puede tener capacidad de pagar tributos, ya sea por
ser titular de unos bienes, de una renta, por el consumo de bienes,*

o por el tráfico o circulación de riqueza, etc. (como en el caso del impuesto), o más débilmente, por haber sido beneficiario de una actividad o prestación de un ente público (es el caso de las tasas, contribuciones especiales, precios públicos).

§ **Ciclo presupuestario:** es un procedimiento compuesto por 4 fases bien delimitadas que consisten en la elaboración, aprobación, ejecución y control del presupuesto público de la Administración General del Estado y de los entes territoriales e institucionales (Comunidades Autónomas, Corporaciones Locales, Organismos públicos, Entidades públicas empresariales, otros entes públicos y sociedades mercantiles estatales, y la Seguridad Social).

§ **Comprobación de valores:** puede constituir el objeto único de un procedimiento tributario autónomo de gestión tributaria regulado en los artículos 134 y 135 LGT, o puede tratarse de una actuación de valoración al amparo del artículo 57.4 LGT efectuada en el curso de otro procedimiento distinto de aplicación de los tributos (de gestión, de inspección o de recaudación tributaria), o de una actuación concreta de valoración previa o independiente de cualquier otro procedimiento (tributario o de otra naturaleza). En cualquiera de los casos la comprobación de valores deviene de la función comprobadora de la Administración y recae sobre el valor de las rentas, productos, bienes y demás elementos determinantes de la obligación tributaria, declarado por los propios obligados tributarios o descubierto por la Administración, excepto cuando el valor resulta directamente de una ley o de un reglamento.

Ejemplo: La comprobación de valores es de rancia tradición en los impuestos que gravan el tráfico patrimonial como el Impuesto sobre Transmisiones Patrimoniales y Actos Jurídicos Documentados, al estar constituida su base imponible por el valor real de los bienes y derechos transmitidos.

§ **Comprobación limitada**: es un procedimiento de gestión tributaria que se inicia de oficio por el órgano de gestión o de inspección tributaria. Puede iniciarse por dos motivos, por un lado, en relación con las autoliquidaciones, declaraciones, comunicaciones de datos o solicitudes presentadas, cuando se adviertan errores en su contenido o discrepancias entre los datos declarados o los justificantes aportados y los elementos de prueba en poder de la Administración tributaria, o bien cuando se considere conveniente comprobar todos o algún elemento de la obligación tributaria. Y por otro lado, cuando no conste la presentación de declaración tributaria o de autoliquidación, y los antecedentes en poder de la Administración pongan de manifiesto la obligación de declarar o la realización del hecho imponible.

§ **Contrabando aduanero**: es una actividad ilícita que consiste en la importación o exportación de mercancías de lícito e ilícito comercio evadiendo la normativa administrativa, tributaria y aduanera cuando se importen o exporten sin presentarlas para su despacho en las oficinas de aduanas o en los lugares habilitados por la Administración aduanera, incluida la ocultación o sustracción de cualquier clase de mercancías a la acción de la Administración aduanera dentro de los recintos o lugares habilitados, la realización de operaciones de comercio, tenencia o circulación sin cumplir los requisitos legalmente establecidos para acreditar su lícita importación, así como su comercialización. En materia tributaria y aduanera puede clasificarse como infracción administrativa o como delito. Su clasificación como una u otro dependerá del valor de los bienes, mercancías, géneros o efectos objeto de contrabando.

Ejemplo: Será una infracción administrativa de contrabando la importación o exportación de mercancías de lícito comercio (mesas de madera de acacia) sin presentarlas para su despacho en las oficinas de aduanas o en los en los lugares habilitados por la Administración aduanera siempre y cuando el valor de las mesas sea inferior a 150.000 euros. También será una infracción administrativa de contrabando cuando se realicen operaciones de importación, exportación, comercio, tenencia o circulación de especímenes de fauna o flora silvestres y sus partes y productos, de especies recogidas en el Convenio de Washington, de 3 de marzo de 1973, o en el Reglamento (CE) n.º 338/1997 del Consejo, de 9 de diciembre de 1996, como el Canguro arbóreo gris, sin cumplir los requisitos legalmente establecidos siempre que el valor del género sea inferior a 50.000 euros. Cuando los valores superen dichos mínimos la clasificación se elevaría a delito de contrabando.

§ **Contribución especial:** es una especie de tributo exigido por la Administración pública que deviene de la obtención del obligado tributario de un beneficio o de un aumento de valor de sus bienes como consecuencia de la realización de obras públicas o del establecimiento o ampliación de servicios públicos por parte de la Administración.

Ejemplo: Si un Ayuntamiento (Hacienda Local) realiza obras de primer asfaltado y alumbrado de calles se genera una situación en la que, junto al beneficio generalizado que obtienen todos los ciudadanos, se produce un beneficio especial a favor de los propietarios de los edificios situados en las calles donde se han realizado por primera vez las citadas obras, cuestión que se traduce en un aumento de valor de dichos bienes ocasionando en el obligado tributario una obligación de pago.

§ **Contribuyente:** es una especie dentro de la categoría de sujeto pasivo del tributo. De conformidad con el artículo 36.2 LGT es el sujeto pasivo que realiza el hecho imponible del tributo. Es el sujeto que resulta obligado ante la Hacienda pública precisamente por haber realizado el hecho imponible, quedando vinculado por ello, al pago de la obligación tributaria principal (pago de la cuota tributaria) y al cumplimiento de las prestaciones formales inherentes a la misma. Es por tanto, el sujeto titular de la capacidad económica manifestada por el hecho imponible. Además, la LGT establece que la posición de contribuyente será *de iure* (impuesta por la ley) no abarcando esta categoría al sujeto que resulte contribuyente *de facto* (quien soporte efectiva o económicamente la carga tributaria derivada del hecho imponible en virtud de mecanismos distintos al de su realización, como la traslación o la repercusión).

Ejemplo: En el Impuesto sobre el Valor Añadido (IVA), el artículo 4.1 de la Ley del IVA define el hecho imponible del impuesto señalando que estarán sujetas al mismo las entregas de bienes y prestaciones de servicios realizadas en el ámbito espacial del impuesto por empresarios o profesionales a título oneroso, con carácter habitual u ocasional, en el desarrollo de su actividad empresarial o profesional, incluso si se efectúan en favor de los propios socios, asociados, miembros o partícipes de las entidades que las realicen. Es decir, son los empresarios o profesionales, como realizadores del hecho imponible, como vendedores o prestadores de servicios, los sujetos pasivos del impuesto a título de contribuyentes a pesar de que de facto sea el consumidor final del producto o del servicio sujeto a IVA el que efectiva y económicamente soporte la carga tributaria derivada del hecho imponible.

§ **Control interno:** es el control que se realiza sobre la gestión económica y financiera del sector público estatal y es efectuado por la propia Administración a través de la Intervención General de la Administración del Estado. Esta función se caracteriza por ejercerse con plena autonomía respecto de las autoridades y demás entidades cuya gestión sea objeto de control, gozando los funcionarios que la realicen de independencia funcional respecto de los titulares de los órganos controlados. Se realiza mediante el ejercicio de la función interventora, el control financiero permanente y la auditoría pública. Se ejerce de forma desconcentrada de acuerdo con la competencia del órgano controlado y toma en conjunto, como marco de referencia, tanto el aspecto legal o de cumplimiento normativo, como otros principios fundamentales en la actuación del sector público como son la economía, la eficacia y la eficiencia.

> *Ejemplo: Cuando la Corporación de un Ayuntamiento (Hacienda Local) decide conceder una subvención pública a los vecinos del municipio, la persona (funcionaria habilitada nacional) que ejerce como interventora del Ayuntamiento deberá emitir un informe antes de la aprobación de la Convocatoria, en el que controlará que el Ayuntamiento tiene competencias en la materia objeto de la subvención y si existe una partida presupuestaria habilitada para en el Presupuesto anual del Ayuntamiento para cubrir la cuantía total prevista de la subvención.*

§ **Cuota tributaria:** es la cantidad resultante de aplicar el tipo de gravamen a la base liquidable de un tributo. No siempre es la cantidad a ingresar al ente público, pues la ley puede prever aumentos y disminuciones de esta en atención a distintas finalidades. La LGT no la define, sino que en el artículo 56 establece que su determinación se realizará aplicando el tipo de gravamen o según cantidad fija señalada por ley al efecto.

> *Ejemplo: El impuesto sobre Sucesiones y Donaciones establece que la cuota tributaria por este impuesto se obtendrá aplicando a la cuota íntegra el coeficiente multiplicador en función de la cuantía de los tramos del patrimonio preexistente que hayan sido aprobados por la Comunidad Autónoma y del grupo, según el grado de parentesco. Si el patrimonio preexistente del contribuyente se encuentra entre 0 a 402.678,11 de euros y su grado de parentesco es 1 (descendientes y adoptados menores de veintiún años) el coeficiente a aplicar a la base liquidable será 1. Pero la realización de esa operación no arroja la cuota tributaria real a pagar por el impuesto porque luego la ley establece que el contribuyente puede disminuir de la cuota dos cantidades, por un lado, una deducción por doble imposición internacional y, por otro, una bonificación por residir en Ceuta y Melilla. Una vez minoradas esas cantidades si las hubiere el resultado será la cuota tributaria del impuesto.*

§ **Declaración complementaria:** es una declaración tributaria referida a la misma obligación tributaria y período tributario que otra presentada con anterioridad. En esta se incluyen nuevos datos no declarados o pueden modificar parcialmente el contenido de la anterior presentada, que subsistirá en la parte no afectada. Pueden ser sustitutivas cuando se refieren a la misma obligación tributaria y período que otras presentadas con anterioridad y que reemplacen su contenido total. Una declaración complementaria adoptara el nombre de «rectificativa» cuando existan errores u omisiones en la declaración presentada que causan un perjuicio al contribuyente porque la cantidad a devolver debe ser mayor, o menor la cantidad a ingresar. Además de las declaraciones, se pueden presentar complementarias en las autoliquidaciones y en las comunicaciones de datos. En definitiva, la finalidad que se persigue es la misma, completar o modificar las presentadas con anterioridad a la Administración tributaria.

§ Deducción: es un beneficio fiscal establecido por el legislador y que supone una minoración en la cuantía del tributo a pagar por el sujeto pasivo. En el caso concreto de las deducciones aplican en una fase concreta de la liquidación del tributo, en la cuota íntegra y responden, por lo general, a privilegiar ciertos derechos o inversiones realizadas por los sujetos pasivos que provocan una minoración de la cuota aplicable a pagar del impuesto, tasa o contribución especial al Estado o a las Comunidades Autónomas.

> *Ejemplo: En el Impuesto sobre la Renta de las Personas Físicas (IRPF), el legislador estatal ha configurado una deducción por rentas obtenidas en Ceuta o Melilla. Para los contribuyentes que tengan su residencia habitual y efectiva en Ceuta o Melilla la deducción consiste en el 60 % de la parte de la suma de las cuotas íntegras estatal y autonómica que proporcionalmente corresponda a las rentas computadas para la determinación de las bases liquidables que hubieran sido obtenidas en Ceuta o Melilla. Su finalidad es proteger las rentas de los contribuyentes que han decidido residir en Ceuta o Melilla, ciudades autónomas que, por su lejanía con la península y bajo nivel de renta respecto a la media europea, necesitan una especial protección fiscal.*

§ Defraudación tributaria: es la conducta ilícita por excelencia cometida en contra de la Hacienda pública. La ampliamente conocida «evasión fiscal» no es otra cosa que la defraudación tributaria, dejar de pagar las deudas tributarias a Hacienda, ya constituyan infracción administrativa o delito, determinantes de perjuicio económico a la Administración. Es circunstancia calificativa la ocultación, es decir, que no se presenten las declaraciones tributarias, que se declaren hechos o datos inexistentes o falsos, o que se omitan hechos o datos resultando una declaración deficiente o inexistente y que con todos estos actos se ocasione la omisión del ingreso total o parcial de una deuda tributaria. Su precepto nuclear es el artículo 191 LGT.

§ **Devengo:** está definido en el artículo 21.1 LGT como el momento en el que se entiende realizado el hecho imponible y en el que se produce el nacimiento de la obligación tributaria principal.

> *Ejemplo: El Ayuntamiento de Salamanca tiene aprobada mediante ordenanza fiscal la tasa de recogida de basuras. El hecho imponible de la tasa lo constituye la prestación del servicio de recepción obligatoria de recogida de basuras domiciliarias y residuos sólidos urbanos de viviendas, alojamientos, locales y establecimientos donde se ejercen actividades industriales, comerciales, profesionales, artísticas y de servicios. Los contribuyentes son las personas físicas o jurídicas y las entidades, que ocupen o utilicen las viviendas y locales ubicados en lugares, plazas, calles o vías públicas en que se preste el servicio, ya sea a título de propietario o de usufructuario, habitacionista, arrendatario o, incluso de precario. En el caso de que una persona compre un piso en Salamanca el devengo del tributo y nacimiento de la obligación de contribuir se produce desde el momento en que se inicie la prestación del servicio (entendiéndose iniciada, dada la naturaleza de recepción obligatoria del mismo, cuando este establecido y en funcionamiento el servicio municipal de recogida de basuras) y, para ese contribuyente en concreto, a partir del momento en que la compraventa se registre en el Registro de la Propiedad y el derecho de propiedad sea efectivo.*

§ **Domicilio fiscal:** es el lugar de localización del obligado tributario en sus relaciones con la Administración tributaria. Se utiliza como criterio general para las personas físicas para la determinación de su residencia habitual y para la aplicación de beneficios fiscales vinculados con la misma. Se regula en el artículo 48 LGT.

> *Ejemplo: Para las personas físicas, el domicilio fiscal es la vivienda habitual en la que se reside, independientemente de si la persona trabaja por cuenta ajena, está desempleada, es estudiante o está jubilada. Si esa persona física es autónoma, el domicilio fiscal también suele ser la residencia habitual, a no ser que trabaje en otro lugar donde centralice y realice toda la gestión de su actividad. Y en el caso de las empresas, el domicilio fiscal es el lugar donde se desarrolla la actividad económica.*

§ Estabilidad presupuestaria: es un principio jurídico que está vinculado a una de las fases del ciclo presupuestario, a la aprobación del presupuesto. Condensa el sentido de la autorización parlamentaria al ejecutivo encargado de su elaboración, dado que ésta no se concede en forma genérica e indeterminada. Este principio tiene una triple proyección coincidente con la triple limitación que conlleva la consignación de una cifra de gasto como crédito presupuestario. Así, en primer lugar, tiene una proyección cualitativa, que es la que manifiesta la concreta finalidad que se quiere perseguir con el gasto público; en segundo lugar, una cuantitativa que indica el volumen máximo de dinero público que a dicha finalidad se destina; y, en tercer lugar, tiene una proyección temporal que limita el tiempo en que puede gastarse esa cantidad para ese fin.

Ejemplo: El principio de estabilidad presupuestaria impuesto a España por la Unión Europea y regulado en el artículo 135 de la Constitución impone que el techo de gasto «nacional» para 2025, sin incluir los fondos europeos, alcanzará los 195.353 millones de euros, un 3,2 % más que en 2024. El límite de gasto no financiero total, incluyendo los fondos europeos, se sitúa en 199.171 millones de euros. Una cifra que responde al descenso de las transferencias directas del Plan de Recuperación, Transformación y Resiliencia (PRTR), al haber entrado España en la fase de recibir más préstamos, y el conjunto de las Administraciones tendrá un objetivo de déficit del 2,5 %. Si estas cifras no concuerdan con el Proyecto de Presupuestos del Estado para 2025 que presente el Ejecutivo al Parlamento, se incumpliría el principio de estabilidad presupuestaria y no se autorizaría la aprobación del presupuesto.

§ Exención: es un beneficio fiscal establecido por el legislador y que de conformidad con el artículo 22 LGT está constituida por los supuestos en que a pesar de realizarse el hecho imponible la ley exime del cumplimiento de la obligación tributaria principal. En realidad, la obligación tributaria no llega a existir pues el efecto real de una norma de exención es que impide el nacimiento de la obligación, a pesar de que como supuesto de manifestación de riqueza estén incluidos en el hecho imponible.

Ejemplo: En el Impuesto sobre la Renta de las Personas Físicas (IRPF), el artículo 7 de la ley del impuesto establece que están exentas del mismo las prestaciones y ayudas familiares percibidas

> *de cualquiera de las Administraciones Públicas, ya sean vinculadas a nacimiento, adopción, acogimiento o cuidado de hijos menores. Por tanto, a pesar de significar un aumento en la renta y riqueza de los contribuyentes beneficiarios, para el legislador no forman parte de la base imponible.*

§ **Hecho imponible:** es el presupuesto de hecho fijado por la ley para configurar cada tributo y cuya realización por el sujeto pasivo origina unos efectos o consecuencias de carácter jurídico, la transcendental es el nacimiento de la obligación tributaria principal y su pago.

> *Ejemplo: En el Impuesto sobre el Valor Añadido (IVA) constituye el hecho imponible del impuesto las entregas de bienes y las prestaciones de servicios realizadas por profesionales o empresarios. Por tanto, si un empresario nos vende un coche (entrega de bienes), o si un profesional nos transporta en taxi, en autobús, en tren o avión (prestación de servicios), se entiende por realizado el hecho imponible y nace la obligación, en el empresario o en el profesional, de exigir el pago del impuesto.*

§ **Impuesto:** es una especie de tributo exigido por la Administración pública sin que exista por parte de esta una contraprestación expresa y directa por parte del Estado a favor del contribuyente y cuyo hecho imponible está constituido por negocios, actos o hechos que ponen de manifiesto la capacidad económica del contribuyente.

> *Ejemplo: el Impuesto sobre la Renta de las Personas Físicas que se exige a aquellas personas en quienes concurra un índice de riqueza apto para cumplir con el deber de contribuir impuesto por la Constitución como es el pago de una nómina o una ganancia patrimonial por la venta de un inmueble.*

§ **Interés de demora:** es una prestación accesoria a la deuda tributaria que funciona como una penalización económica que la normativa tributaria ha impuesto a los obligados tributarios cuando realicen el ingreso de una deuda tributaria fuera del plazo previsto en período voluntario. Su naturaleza no es diferente a la del Derecho privado, pues tiene una finalidad indemnizatoria y resarcitoria del retraso en el pago, evitando así el enriquecimiento injusto de quien debiendo ingresar una deuda tributaria a la Hacienda pública decide no hacerlo disponiendo de la suma de dinero debida más allá del término en que había de cumplir su obligación tributaria.

Ejemplo: La LGT establece como uno de los supuestos que implica el nacimiento del cobro de intereses de demora, la aplicación por parte de los obligados tributarios de deducciones indebidas. Imaginemos que en el año 2023 Esmeralda de 33 años compró su primera vivienda para residencia habitual en un municipio de Castilla y León de menos de 5.000 habitantes por un valor de 23.000 euros. La base imponible de Esmeralda en tributación individual para este impuesto y ejercicio era de 21.325 euros por lo que siendo conocedora de la existencia de una deducción en la cuota autonómica del IRPF del 15 % de las cantidades satisfechas por adquisición de vivienda habitual en el medio rural, Esmeralda decidió aplicar dicha deducción en su Declaración de la Renta para el ejercicio 2023 generando a su favor una devolución de 1.500 euros. Sin embargo, Esmeralda no se percató que incumplía uno de los requisitos para su aplicación: tener una base imponible total, menos el mínimo personal y familiar, que no supere la cuantía de 18.900 euros en tributación individual. En abril de 2024, Hacienda inicia una comprobación limitada en la Declaración de Esmeralda para el ejercicio 2023, comprueba que no tenía derecho a la aplicación de la deducción autonómica mencionada y le exige su reintegro más los respectivos intereses de demora que para el año 2023 estaba fijado en el 4,0625 %, a contar desde la fecha de vencimiento del plazo de presentación de la Declaración en período voluntario (30 de junio de 2023).

§ **Liquidación:** es el acto resolutorio mediante el cual el órgano competente de la Administración tributaria realiza de forma unilateral las operaciones de cuantificación del tributo necesarias y determina el importe de la deuda tributaria a ingresar por el obligado tributario o de la cantidad que, en su caso, resulte a devolver o compensar de acuerdo con la normativa tributaria. Es una manifestación unilateral (provisional o definitiva) de la Administración sobre el *an* y el *quantum* de una obligación tributaria y mediante la cual la Administración declara su pretensión de cobro, indicando en su caso, al obligado tributario los medios, el plazo y el órgano ante el que efectuar el ingreso. Por lo tanto, es un acto dotado de la presunción de validez y eficacia propia de los actos de las Administración públicas sujetos al Derecho Administrativo, y por supuesto, de su inmediata ejecutividad.

§ **Obligado tributario:** es la categoría general que la LGT utiliza para definir en el artículo 35 a las personas físicas o jurídicas y las entidades a las que la normativa tributaria impone el cumplimiento de las obligaciones tributarias. Dentro de esta categoría general la LGT incluye una amplia enumeración de sujetos, algunos responsables de la obligación tributaria principal, otros de las obligaciones de pagos a cuenta, otros de las obligaciones de repercusión, otros responsables del cumplimiento de obligaciones formales y a otros que denomina responsables del tributo, así como a sus sucesores. Por ende, es una denominación genérica que alberga posiciones jurídicas subjetivas muy diversas, no teniendo más rango común entre ellas que quedar obligadas al cumplimiento de deberes tributarios, pero de contenido y naturaleza muy distintos, algunos patrimoniales y otros formales, y que incluso pueden referirse a tributos propios o de terceros.

> *Ejemplo: En el Impuesto sobre la Renta de las Personas Físicas (IRPF) pueden confluir una pluralidad de obligados tributarios según las circunstancias particulares de cada caso concreto. Imaginemos la obtención de renta de un trabajador que deriva de la obtención de rendimientos de trabajo personal por cuenta ajena en favor de una empresa con la que le vincula un contrato de trabajo. En este caso podemos identificar, como mínimo, los siguientes obligados tributarios: como sujeto pasivo a título de contribuyente, al trabajador, persona física que recibe un salario mensual de la empresa en la que trabaja y que es el obligado al pago de la deuda tributaria principal; como obligado a realizar pagos a cuenta, la empresa en calidad de retenedora y a quien la ley le impone la obligación de detraer e ingresar en la Administración tributaria, con ocasión de los pagos que deba realizar a otros obligados tributarios (su trabajador), una parte de su importe a cuenta del tributo que corresponda a éstos. Vemos en este ejemplo como el trabajador y la empresa son obligados tributarios ante Hacienda en el mismo impuesto, pero cada uno de ellos lo es por razones diferentes y responderá de obligaciones diferentes.*

§ **Ordenanza fiscal:** es la norma reglamentaria de la Hacienda local que tiene tres funciones: acordar la imposición y supresión de los tributos del municipio, desarrollar los tributos municipales, y establecer su régimen general de gestión, liquidación, inspección y recaudación.

§ **Poder tributario:** es el conjunto de competencias constitucionales y potestades administrativas que goza el Estado y demás entes territoriales y supranacionales con competencias normativas y representativos de intereses primarios, sometidas a Derecho y reservadas por la Constitución para establecer un sistema de ingresos y gastos públicos con el propósito de aplicarlos a la consecución de determinadas finalidades y al servicio de tales finalidades, quedando además sometidas al control jurisdiccional.

> *Ejemplo: La Constitución española en su artículo 133 distribuye el poder tributario de la siguiente manera. La potestad originaria para establecer los tributos corresponde exclusivamente al Estado, mediante ley, pero permite a las Comunidades Autónomas y las Corporaciones locales establecer y exigir tributos, de acuerdo con la Constitución y las leyes estatales, cuestión que hace a través de la Ley Orgánica 8/1980, de la Ley 22/2009, de la Ley 7/1985 y del Real Decreto Legislativo 2/2004.*

§ **Período impositivo:** es la fracción de tiempo en la que se considera realizado el hecho imponible que origina el nacimiento de la obligación tributaria principal, propio de los tributos periódicos, cuyo hecho imponible se produce a lo largo del tiempo.

> *Ejemplo: En el Impuesto sobre la Renta de las Personas Físicas (IRPF), el artículo 12.1 de la ley del impuesto establece que el período impositivo se corresponde con el año natural, es decir inicia el 1 de enero y finaliza el 31 de diciembre. Por su parte, en el Impuesto sobre Sociedades (IS) el período impositivo coincidirá con el ejercicio económico que tuviera fijado la sociedad, sin exceder en ningún caso de doce meses. Por tanto, en este impuesto, el período impositivo para cada entidad será el que determinen sus estatutos, aplicándose por defecto el año natural según reza el artículo 26 de la ley del impuesto.*

§ **Período voluntario:** es el tiempo establecido por la normativa tributaria para el pago de los tributos que se ponen al cobro. Una vez finalizado este plazo, la Administración tributaria haciendo uso de sus facultades de comprobación, inspección y recaudación pueden aplican recargos e intereses de demora a la deuda tributaria no ingresada.

> *Ejemplo: En el Ayuntamiento de Madrid existen dos períodos de pago en el año natural para los impuestos y tasas municipales de carácter periódico. El primer período de pago voluntario inicia el 1 de abril y finaliza el 31 de mayo. El segundo período de pago voluntario inicia el 1 de octubre y finaliza el 30 de noviembre. En el primer período voluntario se deben ingresar las deudas tributarias del Impuesto sobre Vehículos de Tracción Mecánica (IVTM), de la*

> *Tasa por Pasos de Vehículos (TPV) y de la Tasa de Cajeros Automáticos (TCA). En el segundo período voluntario se deben ingresar las deudas tributarias del Impuesto sobre Bienes Inmuebles (IBI), del Impuesto sobre Actividades Económicas (IAE), la Tasa por Ocupación del suelo, vuelo o subsuelo (OCU) y la Tasa por Prestación del Servicio de Gestión de Residuos Urbanos de Actividades (TRUA).*

§ **Plusvalía:** la plusvalía es un concepto en principio muy simple, que se refiere al beneficio que se obtiene como resultado de la diferencia positiva en el precio de venta de un bien, con respecto al precio al que se adquirió y que también afecta a la transferencia mediante herencia o a las donaciones. Es decir, es el aumento del valor de un bien o producto por causas ajenas a los propietarios y que significa una ganancia para los mismos en el momento de su transmisión. En materia tributaria la riqueza que se obtiene de la misma ha supuesto la aprobación del Impuesto sobre el Incremento de Valor de los Terrenos de Naturaleza Urbana (IIVTNU) o Plusvalía Municipal que es un tributo municipal que grava el incremento que experimentan los terrenos de naturaleza urbana y que se pone de manifiesto a consecuencia de la transmisión de su propiedad o, en su caso, la constitución o transmisión de cualquier derecho real de goce limitativo de dominio.

§ **Precio público:** es una prestación patrimonial exigida por la Administración que no responde a ninguna de las tres categorías tradicionales del tributo al igual que sucede con la Prestación patrimonial del carácter público de naturaleza no tributaria. Se caracteriza por exigirse como contraprestación a un servicio o la realización de actividades efectuadas en régimen de Derecho público cuando sean de solicitud voluntaria por parte de los administrados, aunque dichos servicios o actividades se presten también por el sector privado. La cuantía de los precios públicos se determinará a un nivel que cubra, como mínimo, los costes económicos originados por la realización de las actividades o la prestación de los servicios o a un nivel que resulte equivalente a la utilidad derivada de los mismos con la finalidad de no afectar la competencia. Solo podrán ser inferiores al coste económico del servicio cuando existan razones sociales, benéficas, culturales o de interés público que así lo aconsejen previa adopción de las previsiones presupuestarias oportunas para la cobertura de la parte del precio subvencionada.

> *Ejemplo: El precio que una familia paga por la prestación del servicio de guardería pública dependiente de una Comunidad Autónoma frente al que se paga en una guardería de carácter privado.*

§ **Prescripción tributaria**: se configura en los artículos 66 a 70 y 189 a 190 LGT como una forma de extinción de las obligaciones tributarias, del derecho a las devoluciones tributarias y de las responsabilidades derivadas de comisión de infracciones tributarias. Al igual que en otras ramas del Derecho, supone que los derechos se extingan y que las acciones jurídicas dejen de poder ejercitarse por el mero transcurso del tiempo. Su fundamento se encuentra en el principio de seguridad jurídica, que justifica que las relaciones jurídicas y las responsabilidades que de ella se derivan no deban eternizarse, transmitiéndose incluso a generaciones futuras.

> *Ejemplo: Prescribirá a los cuatro años el derecho de la Administración tributaria para determinar la deuda tributaria mediante la oportuna liquidación; el derecho de la Administración tributaria para exigir el pago de las deudas tributarias liquidadas o autoliquidades, y de igual forma, el derecho de los obligados tributarios a solicitar las devoluciones derivadas de la normativa de cada tributo, las devoluciones de ingresos indebidos y el reembolso de las garantías.*

§ **Prestación patrimonial de carácter público de naturaleza no tributaria:** es un nuevo recurso financiero en manos del Estado que se puede clasificar como una prestación patrimonial exigida por la Administración pero que no responde a ninguna de las tres categorías tradicionales del tributo. Tiene su origen en las nuevas formas de gestión del servicio público prestado por la Administración. De ahí que no serán tasas sino prestaciones patrimoniales de carácter público de naturaleza no tributaria las contraprestaciones económicas establecidas coactivamente por la Administración por responder a fines de interés general que se perciben por la prestación de servicios públicos realizados de forma directa mediante personificación privada (entidades públicas empresariales, sociedades de capital íntegramente público y demás fórmulas de Derecho privado) o mediante gestión indirecta (concesionarios, sociedades de economía mixta de capital público y privado).

> *Ejemplo: El Ayuntamiento de Villares de la Reina en Salamanca construyó con dinero del presupuesto local unas piscinas municipales climatizadas. Por falta de personal técnico-administrativo no puede gestionar las piscinas climatizadas de forma directa por lo que opta por licitar la gestión a través de un concesionario. Adjudicada la gestión a la empresa Trisán Sport SL, la tarifa que se cobra a los usuarios por su utilización adoptó la configuración de presta-*

ción patrimonial de carácter público de naturaleza no tributaria a través de la Ordenanza Reguladora de las Prestaciones de carácter público no tributario a abonar por los usuarios del servicio de piscinas climatizadas municipales que fue aprobada por acuerdo del Pleno de fecha 19 de mayo de 2022.

§ **Presupuesto público:** es la expresión cifrada, conjunta y sistemática de los derechos y obligaciones económicas a liquidar durante el ejercicio por un ente público. En el caso de la Administración General del Estado, abarca la totalidad de los gastos e ingresos del sector público estatal y sus organismos autónomos, los de la Seguridad Social, los de las sociedades estatales y los del resto de entes del sector público estatal. Se trata, pues, del plan de actuación financiera de los entes públicos para cada año, autorizando sus gastos con carácter limitativo y previendo los correspondientes ingresos.

§ **Recargo:** es una prestación accesoria a la deuda tributaria que funciona como una penalización económica que impone la normativa tributaria en caso de que los obligados tributarios no hubieran realizado el pago de una deuda tributaria en plazo voluntario de pago o haberlo realizado una vez vencido el mismo. Si lo anterior sucede se exigirá el recargo que variará según el momento en el que se pague la deuda.

Ejemplo: Según los artículos 27 y 28 LGT, los recargos son de cuatro tipos: recargo por declaración extemporánea sin requerimiento previo que es el 1 % más otro 1 % adicional por cada mes completo de retraso con que se presente la autoliquidación o declaración respecto al término del plazo establecido para la presentación e ingreso; recargo ejecutivo que es el 5 % del importe principal de la deuda y se aplicará cuando se pague la totalidad de la deuda no ingresada en período voluntario antes de la notificación de la providencia de apremio; recargo de apremio reducido que es el 10 % del importe principal de la deuda y se aplicará cuando se pague la totalidad de la deuda no ingresada en período voluntario y el propio recargo del 10 % antes de la finalización del plazo que se concede con la notificación de la providencia de apremio; y el recargo de apremio que es el 20 % del importe principal de la deuda y se aplicará cuando no se ha ingresado la deuda y el recargo reducido en su totalidad en el plazo concedido. Además, tendrán que pagarse intereses de demora desde el día en que acabó el plazo para pagar la deuda tributaria en la fase voluntaria hasta el día en que, efectivamente, se ingrese.

§ **Reducción:** al igual que la deducción, exención y supuestos de no sujeción, es un beneficio fiscal establecido por el legislador y que supone una minoración en la cuantía del tributo a pagar por el sujeto pasivo. En este caso concreto como bien lo indica su nombre son supuestos en los que una vez calculada la base liquidable de un tributo dan lugar a una «reducción» en dicha base y en el importe que establezca la ley o en el importe de las aportaciones y/o contribuciones realizadas por el contribuyente que dan lugar a la reducción.

Ejemplo: En el Impuesto sobre la Renta de las Personas Físicas (IRPF), la ley del impuesto permite de forma opcional que los contribuyentes que se conformen una unidad familiar integrada por dos contribuyentes casados y no separados legalmente presenten la declaración de forma conjunta. Si optan por esta opción de tributación conjunta el artículo 82 de la ley del impuesto les permite aplicar como beneficio fiscal una reducción en la base imponible por el monto de 3.400 euros anuales.

§ **Reglas fiscales:** son instrumentos para contribuir a la solvencia fiscal de los Estados. Para los países miembros de la Unión Europea son normas impuestas por la Comisión y el Parlamento Europeo que suponen límites legales e institucionales a la aprobación de los presupuestos públicos y operan como restricciones permanentes (o duraderas) de la política fiscal, que se expresa a través de indicadores de los resultados fiscales, como el déficit fiscal, el nivel de deuda o algún componente del gasto. Actúan como una respuesta a problemas de la coyuntura político-económica que pretende evitar el comportamiento oportunista de políticos que buscan gastar de más, antes que mecanismos destinados a contribuir de manera permanente a la solvencia fiscal de los Estados.

Ejemplo: Para los Estados miembros de la Unión Europea como es el caso de España se encuentran en vigor tres reglas fiscales: la regla del equilibrio estructural que implica que ninguna Administración Pública podrá incurrir en déficit estructural salvo dos excepciones (para el conjunto de las Administraciones públicas en caso de reformas estructurales con efectos presupuestarios a largo plazo podrá alcanzarse un déficit estructural del 0,4 % del PIB, y para el Estado y las Comunidades Autónomas si concurren circunstancias excepcionales como catástrofes naturales, recesión económica grave o situaciones de emergencia extraordinaria que escapen al control de las Administraciones Públicas y perjudiquen considerablemente su situación financiera o su sostenibilidad eco-

> *nómica o social); la regla de la deuda pública que impone un límite al conjunto de las Administraciones públicas a la ratio de deuda del 60 % del PIB; y la regla de gasto que supone que el gasto computable de todas las Administraciones públicas no puede superar la tasa de referencia del crecimiento del PIB a medio plazo (según la metodología de la UE y que se determine en el Informe de situación que elaborará el Ministerio de Economía y Competitividad) o al que se derive del cumplimiento de los planes si fuera más exigente.*

§ **Repercusión:** es la solución empleada por el legislador para obligar al consumidor final en el ámbito de la imposición directa sobre el consumo, tanto en el Impuesto sobre el Valor Añadido (IVA) como los Impuestos Especiales sobre consumos específicos, a soportar en la práctica el pago del importe del tributo. Dado que en estos impuestos el legislador ha configurado el hecho imponible no sobre la adquisición de bienes y servicios (por el consumidor final) sino sobre la entrega de bienes y la prestación de servicios (por los empresarios y profesionales), quien resulta gravado por el tributo es la contraparte del intercambio de bienes o de la prestación de servicios que la hace posible siendo quien asume la posición de sujeto pasivo, convirtiendo al impuesto en una «carga» por el ejercicio de su profesión u oficio. Para evitar esta situación se emplea la repercusión como un mecanismo jurídico del que se benefician los empresarios y profesionales para no asumir la carga económica del pago del impuesto solamente la carga gestora del impuesto.

> *Ejemplo: En el caso del Impuesto sobre el Valor Añadido (IVA), el dinero que el empresario o profesional ingresa a Hacienda en concepto de IVA será un dinero previamente extraído del consumidor mediante la técnica de la repercusión que no es más que añadir al precio intrínseco del producto o del servicio el importe del impuesto. Una vez que el empresario o profesional lo recauda del consumidor, pasa a trasladarlo a la Agencia Tributaria.*

§ **Responsable del tributo:** es una especie de la categoría genérica de obligado tributario. Se define en el artículo 41.1 LGT como el tercero que sin ser sujeto pasivo del tributo la ley coloca junto al sujeto pasivo o deudor principal de la obligación tributaria (contribuyente o sustituto del contribuyente), pero, a diferencia del sustituto del contribuyente, no lo desplaza de la relación tributaria ni ocupa su lugar, sino que se añade a él como deudor, de manera que habrá dos deudores del tributo frente a la Hacienda pública, aunque por motivos distintos y ajenos al hecho imponible y con un régimen jurídico diferenciado. Existen dos tipos de responsables tributarios, los responsables solidarios que responden del pago de la deuda tributaria de forma conjunta y solidaria con el deudor principal, y responsables subsidiarios que responden del pago de la deuda tributaria cuando el deudor principal no la haya satisfecho. Es importante destacar que el responsable tributario solo viene obligado a las prestaciones materiales del tributo, a su pago, pero sin quedar vinculado (como lo están los deudores principales) al resto de prestaciones formales que integran el instituto tributario.

> *Ejemplo: En el Impuesto sobre sucesiones y donaciones, la Ley en su artículo 8 establece que en el caso de transmisiones «mortis causa» de depósitos, garantías o cuentas corrientes, los intermediarios financieros y las demás entidades o personas que hubieren entregado el metálico y valores depositados o devuelto las garantías constituidas serán subsidiariamente responsables del pago del impuesto.*

§ **Sanción tributaria:** las infracciones tributarias se castigan con sanciones que pueden ser pecuniarias (sanción principal) y no pecuniarias que tienen carácter accesorio de la sanción principal. La normativa tributaria establece que las sanciones pecuniarias o principales consisten en multas que pueden ser fijas o proporcionales (cuando se cuantifican en relación con otra magnitud). Por su parte las sanciones no pecuniarias o accesorias se aplican cuando se cometen infracciones graves o muy graves y siempre que concurran determinadas circunstancias que establece la ley.

> *Ejemplo: Una infracción muy grave es no ingresar dentro del plazo previsto de pago la totalidad o parte de una deuda tributaria que exceda los 3.000 euros, mediante la utilización de un medio fraudulento como es la realización de anomalías sustanciales en la contabilidad y en los libros o registros establecidos por la normativa tributaria. Cuando la base de la multa impuesta sea igual o superior a 30.000 euros se podrá imponer una sanción accesoria que puede consistir en la perdida de la posibilidad de obtener subvenciones o ayudas públicas y del derecho a aplicar beneficios fiscales de carácter rogado durante uno o dos años.*

§ **Sujeto pasivo:** es una especie de la categoría genérica de obligado tributario. Se define en el artículo 36 LGT como el sujeto-obligado tributario que, según la ley, debe cumplir la obligación tributaria principal (pago de la cuota tributaria), así como las obligaciones formales inherentes a la misma, sea como contribuyente o como sustituto del mismo. Para ser sujeto pasivo es irrelevante la vinculación del sujeto frente a la Hacienda pública, es decir, es irrelevante que esta se deba a la realización del hecho imponible (contribuyente) o no (sustituto del contribuyente). Lo que importa es que será sujeto pasivo quien asume por mandato de la ley la posición de deudor de la cuota tributaria frente a la Hacienda pública. Por tanto, solo podrán ser sujetos pasivos los contribuyentes o los sustitutos del contribuyente, de manera que, aunque otros sujetos puedan intervenir en el desarrollo y aplicación del tributo quedando obligadas incluso al pago de la obligación principal (por ejemplo, los responsables del tributo), no serán sujeto pasivo del mismo. Todo sujeto pasivo es deudor del tributo, pero no todo deudor del tributo es sujeto pasivo.

Ejemplo: En el Impuesto sobre el depósito de residuos en vertederos, la incineración y la coincineración de residuos son contribuyentes las personas físicas o jurídicas y las entidades a las que se refiere el artículo 35.4 LGT, que realicen el hecho imponible (la entrega de residuos, para su eliminación, en vertederos autorizados situados en el territorio español, tanto de titularidad pública como privada). Por su parte la ley del impuesto establece que son sustitutos de los contribuyentes las personas físicas o jurídicas y las entidades a las que se refiere el artículo 35.4 LGT que sean gestores de los vertederos, de las instalaciones de incineración o coincineración de residuos, cuando sean distintas de las que realizan el hecho imponible.

§ **Supuesto de no sujeción:** al igual que la deducción, exención y la reducción, es un beneficio fiscal establecido por el legislador y que supone aquellos supuestos que, formando parte de manera real o aparente del hecho imponible del tributo, quedan excluidos de gravamen en virtud de la ley de cada tributo.

Ejemplo: La prestación de un servicio de asistencia médica de una mutua a un particular es una operación sujeta al Impuesto sobre el Valor Añadido (IVA), pero exenta por ley, por lo que no hay que aplicar el impuesto en la factura del servicio. En cambio, los servicios prestados a las cooperativas de trabajo asociado por los socios de las mismas no son operaciones sujetas al pago del impuesto porque así lo establece la normativa al no entender la operación como una verdadera prestación de servicios ejercida por un empresario o profesional.

§ Sustituto del contribuyente: es la segunda especie dentro de la categoría de sujeto pasivo del tributo, junto al contribuyente. El artículo 36.3 LGT lo define como el sujeto pasivo que, por imposición de la ley y en lugar del contribuyente, está obligado a cumplir la obligación tributaria principal (pago de la cuota tributaria), así como las obligaciones formales inherentes a la misma. El rasgo más característico que le otorga la ley es que le coloca «en lugar del» contribuyente, y éste es el aspecto más decisivo de su régimen jurídico. Desplaza al contribuyente de la relación tributaria ocupando su lugar y quedando como único sujeto vinculado ante la Hacienda pública siempre que la ley así lo establezca. No obstante, la ley le permite exigir del contribuyente el importe de las obligaciones satisfechas salvo que este expresamente prohibido.

> *Ejemplo: En el ámbito local, y en relación con el Impuesto sobre Construcciones, instalaciones y Obras (ICIO), en el supuesto en el que el contribuyente (dueño de la obra) encargue la construcción, instalación u obra a un tercero (constructor o instalador), tanto éste (el constructor o el instalador) como el que solicitante de la licencia de obra al Ayuntamiento respectivo (en caso de ser persona distinta del dueño de la obra) ostentarán la condición de sustitutos del contribuyente quedando obligados a pagar el ICIO correspondiente y demás obligaciones formales que deriven de él. Ahora bien, si, por el contrario, las obras son ejecutadas por el propio contribuyente (el dueño de la obra), no existirá la figura del sustituto, recayendo sobre aquél las obligaciones tributarias tanto de carácter material como formal.*

§ Tasa: es una especie de tributo exigida por la Administración pública a cambio de la utilización privativa o el aprovechamiento especial del dominio público, la prestación de servicios o la realización de actividades en régimen de Derecho público que se refieran, afecten o beneficien de modo particular al obligado tributario, cuando los servicios o actividades no sean de solicitud o recepción voluntaria para este o no se presten o realicen por el sector privado. La cuantía de las tasas tenderá a cubrir el coste del servicio o de la actividad que constituya su hecho imponible, nunca más.

> *Ejemplo: Un extranjero graduado universitario quiere homologar su título en España para ejercer su profesión. Para poder obtener del Estado este permiso para su beneficio personal debe pagar la Tasa por Homologación, equivalencia a titulación y a nivel académico, y convalidación de títulos y estudios extranjeros exigida por el Minis-*

terio de Ciencia, Innovación y Universidades a cambio recibirá del Estado la prestación del servicio de concesión de homologación de su título universitario.

§ **Tipo de gravamen:** es uno de los elementos de cuantificación del tributo. Está sujeto a las exigencias del principio de legalidad y de capacidad económica y es la cifra, coeficiente o porcentaje que se aplica a la base liquidable para obtener como resultado la cuota íntegra del tributo. Puesto que la base imponible, o en su caso liquidable, expresa la capacidad económica relativa del sujeto pasivo gravado en relación con el hecho imponible por el que va a tributar, el tipo de gravamen indica qué porción de esa capacidad económica se reserva al ente público (Hacienda pública).

Ejemplo: El Impuesto sobre el Patrimonio (IP) es un tributo de carácter directo y naturaleza personal que grava el patrimonio neto de las personas físicas. Constituye el hecho imponible del impuesto la titularidad del patrimonio neto por el sujeto pasivo en el momento del devengo (31 de diciembre de cada año natural). En el caso de un contribuyente que tenga un patrimonio neto de hasta 167.129,45 euros aplicará un tipo de gravamen del 0,2 %. Es decir, la Comunidad Autónoma de residencia del contribuyente tiene derecho al 0,2 % del patrimonio neto (riqueza) del contribuyente como su contribución a los gastos públicos.

§ **Tributo:** es el ingreso de Derecho público por excelencia que consiste en una prestación pecuniaria exigida por una Administración pública que grava una determinada manifestación de capacidad económica (renta, patrimonio o gasto) como consecuencia del deber de contribuir impuesto por la Constitución para cumplir con un fin primordial, obtener ingresos necesarios para el sostenimiento de los gastos públicos. Tradicionalmente se divide en tres categorías: impuesto, tasa y contribución especial. En el caso español los tributos pueden ser cedidos o propios.

Ejemplo: La obtención de renta es el hecho imponible en el Impuesto sobre la Renta de las Personas Físicas (IRPF) o la posesión de un bien inmueble el del Impuesto de Bienes Inmuebles (IBI), en ambos supuestos el Estado ha identificado una manifestación de riqueza en el obligado tributario apta para contribuir al sufragio de los gastos públicos.

§ **Valor de referencia:** aplica en el ámbito tributario que afecta a la titularidad o traspaso de bienes, principalmente aquellos de naturaleza inmobiliaria puesto que es una de las características económicas de su descripción catastral y no superará el valor de mercado. Por tanto, es el determinado por la Dirección General del Catastro como resultado del análisis de los precios de todas las compraventas de inmuebles que se realizan ante fedatario público, en función de los datos de cada inmueble, obrantes en el Catastro Inmobiliario. Además de su función descriptiva, el valor de referencia de cada inmueble servirá como base imponible de tributos como los Impuestos sobre Transmisiones Patrimoniales y Actos Jurídicos Documentados (ITP y AJD) y sobre Sucesiones y Donaciones (ISD).

§ **Verificación de datos**: es un procedimiento tributario en el ejercicio de las competencias de gestión de los tributos de la Administración. Su finalidad es que la Administración pueda verificar la exactitud formal de lo declarado y corregir los errores materiales o aritméticos, así como los errores de derecho derivados de una aplicación indebida de la normativa, y en su caso, rectificarlos practicando las liquidaciones provisionales que procedan. El objeto del procedimiento se ciñe a las declaraciones o autoliquidaciones presentadas, debiendo la liquidación provisional en su caso resultante de este procedimiento practicarse a la vista de los datos declarados que solo podrán contrastarse (como medios de verificación) con los justificantes aportados con la declaración, con los datos contenidos en otras declaraciones presentadas por el mismo obligado tributario, o, en fin, con los que obren en poder de la Administración tributaria.

> *Ejemplo: Calcular mal la deuda tributaria a pagar en el Impuesto sobre el Valor Añadido (IVA) o en el Impuesto sobre la Renta de las Personas Físicas (IRPF), de manera que al obligado tributaria le resulta a pagar de menos o de más. Esto se consideraría un error aritmético y son los más frecuentes a la hora de que Hacienda inicie una comprobación de este tipo.*

50 CONCEPTOS DE DERECHO INTERNACIONAL PÚBLICO

Profa. Dra. Elsa Fernando Gonzalo
Área de Derecho Internacional Público y Relaciones Internacionales
Universidad de Salamanca

Profa. Dra. Estela Martín Pascual
Área de Derecho Internacional Público y Relaciones Internacionales
Universidad de Salamanca

I. Aproximación y conceptualización del Derecho de la Unión Europea

El modelo de integración de la Unión Europea ha supuesto romper con la clásica cooperación intergubernamental, dando paso a la convicción de que la propia incapacidad del sistema nacional y las distintas injerencias de poder de unos Estados sobre otros que se han sucedido a lo largo de la historia europea, solo pueden superarse a través del ejercicio en común o compartido de las soberanías nacionales en una organización internacional supranacional.

Esto no implica que los Estados miembros se vean despojados por completo de su soberanía, sino que se ha producido una renuncia voluntaria del ejercicio de aquella en determinados ámbitos concretos, en favor de una comunidad superior. El resultado de los primeros esfuerzos nacionales en este sentido se materializó en los tratados constitutivos de la Comunidad Europea del Carbón y del Acero, de la Comunidad Económica Europea, y de la Comunidad Europea de Energía Atómica de los años cincuenta, en un proceso de integración que se ha desarrollado hasta lograr crear la actual Unión Europea.

Como consecuencia de esa cesión voluntaria del ejercicio de competencias por parte de los Estados miembros de la Unión, surge la capacidad de que las instituciones comunitarias puedan crear normas jurídicas. En consecuencia, el derecho surgido de esa atribución del ejercicio de competencias constituye un ordenamiento jurídico autónomo, que funciona conforme a unos principios propios.

Por lo tanto, y aunque el Derecho Internacional y el Derecho de la Unión Europea compartan ciertas características —dado que ambos regulan las relaciones interestatales—, el Derecho de la Unión posee una serie de particularidades que le confieren un alto grado de autonomía respecto de aquel, como ha afirmado el Tribunal de Justicia de la Unión Europea en numerosas ocasiones y, por vez primera, en la Sentencia *Van Gend en Loos*, de 5 de febrero de 1963.

II. Textos de referencia

- Declaración Schuman (9 de mayo de 1950)
- Tratado sobre determinadas instituciones comunes a las Comunidades Europeas (25 de marzo de 1957)
- Tratado de la Unión Europea (7 de febrero de 1992, modificado por el Tratado de Lisboa, de 13 de diciembre de 2007)
- Tratado de Funcionamiento de la Unión Europea (renombrado y modificado por el Tratado de Lisboa, de 13 de diciembre de 2007)
- Carta de Derechos Fundamentales de la Unión Europea (proclamada solemnemente el 7 de diciembre del 2000)

III. Conceptos básicos de Derecho de la Unión Europea

§ **Actos atípicos**: son aquellos actos de derecho derivado distintos a los recogidos en el art. 288 TFUE.

Ejemplo: las comunicaciones.

§ **Acto delegado**: acto reglamentario de alcance general adoptado por la Comisión por delegación de la autoridad legislativa comunitaria, que modifica o completa determinados actos no esenciales de un acto legislativo. Este tipo de actos se regulan en el art. 290 TFUE.

Ejemplo: Reglamento delegado (UE) 2024/2159 de la Comisión de 12 de agosto de 2024 por el que se establecen medidas excepcio-

> *nales de carácter temporal que autorizan excepciones a determi-*
> *nadas disposiciones del Reglamento (UE) n.° 1308/2013 del Parla-*
> *mento Europeo y del Consejo relativas al régimen de autorizaciones*
> *para plantaciones de vid a fin de hacer frente a las perturbaciones*
> *del mercado vitivinícola de la Unión.*

§ Acto de ejecución: acto reglamentario que establece normas pormenorizadas que permiten la ejecución uniforme de los actos jurídicamente vinculantes de la Unión Europea. En la mayoría de los casos, las competencias de ejecución se confieren a la Comisión, pero en los casos previstos en los arts. 24 y 26 TUE, estas competencias deben otorgarse al Consejo.

> *Ejemplo: Decisión de Ejecución (UE) 2024/2214 de la Comisión, de*
> *30 de agosto de 2024, por la que se modifica el anexo de la Deci-*
> *sión de Ejecución (UE) 2023/2447, sobre medidas de emergencia*
> *en relación con los brotes de gripe aviar de alta patogenicidad en*
> *determinados Estados miembros.*

§ Acto legislativo: tal y como se recoge en el art. 289 TFUE, son actos jurídicos de derecho derivado que han sido adoptados de conformidad con alguno de los procedimientos legislativos que establecen los Tratados constitutivos, ya sea el procedimiento ordinario, ya sea en virtud de un procedimiento legislativo especial.

> *Ejemplo: Reglamento (UE) 2024/1787 del Parlamento Europeo y*
> *del Consejo, de 13 de junio de 2024, relativo a la reducción de las*
> *emisiones de metano en el sector energético y por el que se modi-*
> *fica el Reglamento (UE) 2019/942.*

§ Acto reglamentario: también llamado «acto no legislativo», se trata de un acto jurídico de derecho derivado que no ha sido adoptado conforme a un procedimiento legislativo, ni ordinario ni especial.

> *Ejemplo: Decisión (UE) 2024/2218 del Consejo, de 28 de agosto*
> *de 2024, relativa a la firma, en nombre de la Unión Europea, del*
> *Convenio Marco del Consejo de Europa sobre Inteligencia Artificial,*
> *Derechos Humanos, Democracia y Estado de Derecho.*

§ Actos típicos: son aquellos actos de derecho derivado definidos en el art. 288 TFUE: reglamento, directiva, decisión, recomendación y dictamen.

§ **Competencia compartida**: ámbitos en los que tanto la Unión Europea como sus Estados miembros pueden legislar y adoptar actos jurídicamente vinculantes. Dentro de las competencias compartidas, cabe distinguir entre las competencias concurrentes (donde aplica el fenómeno de la ocupación del terreno), y las compartidas en sentido estricto o paralelas, donde no se produce ese desplazamiento de la actuación de los Estados.

> *Ejemplo de las primeras: la política social; y, ejemplo de las segundas: el desarrollo tecnológico.*

§ **Competencia exclusiva**: ámbito concreto en el que los Estados miembros han cedido el ejercicio de sus competencias soberanas para que estas sean ejercidas, exclusivamente, por las instituciones de la Unión Europea. De esta forma, solo ellas pueden adoptar actos jurídicamente vinculantes. Las materias sobre las que la Unión tiene atribuida una competencia exclusiva aparecen tasadas en el art. 3 TFUE.

> *Ejemplo: la política de gestión y conservación de recursos pesqueros.*

§ **Cooperación reforzada**: instrumento que permite llevar a cabo una integración a distintas velocidades en lo que se conoce también como «Unión a la carta». Las condiciones generales para su puesta en marcha se encuentran en el art. 20 TUE y en los arts. 326 a 334 TFUE.

> *Ejemplo: Reglamento (UE) 2017/1939 del Consejo, de 12 de octubre de 2017 por el que se establece una cooperación reforzada para la creación de la Fiscalía Europea.*

§ **Crisis de la silla vacía:** conflicto político que impidió el correcto funcionamiento de las Comunidades Europeas en el año 1965. Francia, liderada por Charles de Gaulle, dejó de participar en las reuniones del Consejo como muestra de su desacuerdo sobre la toma de decisiones en esta institución. Esta desavenencia se resolvió con el «Compromiso de Luxemburgo», pero hizo patentes los desafíos a los que se enfrentaba la construcción europea.

§ **Criterios de Copenhague**: condiciones de elegibilidad que un Estado europeo debe reunir para poder adherirse a la Unión Europea. Fueron acordados por el Consejo Europeo en 1993, y evalúan si el Estado en cuestión respeta los derechos humanos y las libertades fundamentales, dispone de una economía de mercado en pleno funcionamiento, y está en condiciones de asumir el conjunto del acervo comunitario.

§ **Declaración Schuman:** texto de carácter político, elaborado por Jean Monnet, con el que se inicia el proceso de integración europea. Esta Declaración fue pronunciada el 9 de mayo de 1950 por el ministro de asuntos exteriores de Francia, y contenía una propuesta al gobierno alemán (pero abierta a la participación de otros Estados europeos) para establecer una organización internacional que se ocupase de gestionar en común la producción de carbón y acero de sus países miembros.

§ **Derecho derivado**: también conocido como secundario o institucional, es el conjunto de actos jurídicos que surgen de la actividad que despliegan las instituciones de la Unión, y que encuentran su fundamento en las normas originarias y en el principio de atribución de competencias.

§ **Derecho originario**: también denominado primario o constitucional, está integrado, fundamentalmente, por los tratados constitutivos y todas sus reformas posteriores. Se trata, por tanto, de normas convencionales internacionales que han sido negociadas en su momento conforme a las técnicas propias del Derecho internacional, y cuyo fundamento descansa en la voluntad soberana de los Estados miembros de quedar vinculados por el contenido de las mismas. Dentro del Derecho originario cabe distinguir dos grandes bloques: por un lado, los tratados internacionales elaborados para perfeccionar el sistema jurídico de integración europea y, por otro lado, los tratados de adhesión, a través de los cuales se articulan las sucesivas ampliaciones de la Unión Europea.

§ **Directiva**: acto jurídico de carácter vinculante que establece un marco normativo que debe alcanzarse por su destinatario, que siempre será uno, varios o todos los Estados miembros de la UE. Sin embargo, corresponde a cada uno de ellos elaborar su propia legislación nacional para aplicar la directiva y alcanzar sus objetivos a través de las «normas de transposición».

> *Ejemplo: Directiva (UE) 2024/1385 del Parlamento Europeo y del Consejo, de 14 de mayo de 2024, sobre la lucha contra la violencia contra las mujeres y la violencia doméstica.*

§ **Ocupación del terreno (preemption):** técnica de delimitación de espacios competenciales entre la Unión Europea y sus Estados miembros. Este fenómeno, que opera en las competencias concurrentes, implica que la UE puede ir ocupando el terreno normativo en un determinado ámbito a medida que ejerce su competencia, limitando la capacidad de actuación nacional de sus Estados miembros (como sucede, por ejemplo, con la política agraria).

§ **Principio de la eficacia directa:** la eficacia directa es la capacidad de una norma comunitaria de crear directamente derechos y obligaciones para todos aquellos que puedan verse afectados por su ámbito de aplicación. Este principio fue enunciado por el Tribunal de Justicia de las Comunidades Europeas en 1963, en el *Asunto Van Gend & Loos* (ECLI:EU:C:1963:1), donde el Tribunal estableció una presunción general a favor de la eficacia directa de las normas del Derecho de la UE.

§ **Principio de primacía**: principio de origen jurisprudencial, básico en el ámbito general del Derecho internacional, sobre el que se pronunció el Tribunal de Justicia de las Comunidades Europeas en el célebre asunto *Costa contra ENEL* (ECLI:EU:C:1964:66), declarando que, para que las normas de la Comunidad sean efectivas, deben prevalecer sobre cualquier disposición del Derecho interno.

§ **Principio de proporcionalidad:** este principio sirve para delimitar el ejercicio de las competencias de la Unión Europea, cualquiera que sea la naturaleza de estas. Implica que las instituciones comunitarias deben ejercer sus competencias de un modo proporcionado, tratando de no provocar un impacto o una carga excesiva a los Estados o sus ciudadanos.

§ **Principio de subsidiariedad**: este principio se utiliza para racionalizar el ejercicio de las competencias no exclusivas de la Unión. Excluye la intervención de la UE cuando una cuestión puede ser tratada eficazmente por los propios Estados miembros a nivel central, regional o local. El ejercicio de las competencias por parte de la Unión sólo se justifica cuando los Estados miembros no están en condiciones de alcanzar satisfactoriamente los objetivos de una actuación propuesta y puede aportarse un valor añadido si la acción se lleva a cabo a nivel comunitario.

§ Principio del equilibrio institucional: implica que los Tratados han establecido un reparto de poderes entre las instituciones, configurando un sistema de pesos y contrapesos que debe ser respetado. De esta forma, cada institución debe actuar dentro de los límites de las atribuciones que le otorgan los Tratados sin invadir las de las demás. El Tribunal de Justicia de las Comunidades Europeas se refirió por primera vez a este principio en el *Asunto Meroni c. Alta Autoridad*, de 13 de junio de 1958 (ECLI:EU:C:1958:8).

§ Proyecto Spinelli: propuesta de tratado adoptada por el Parlamento Europeo en su primera legislatura. Fue elaborada por el «Club del Cocodrilo», creado en torno al europarlamentario Altiero Spinelli en 1984, con el objetivo de profundizar en la integración europea. Aunque los Estados no hicieron suyo este proyecto, su influencia puede verse en las sucesivas reformas de los Tratados.

§ Recomendación: acto jurídico no vinculante, emitido por una institución de la UE para encauzar voluntariamente el comportamiento de aquellos a quienes va dirigida, sin imponer ninguna obligación jurídica.

> *Ejemplo: Recomendación del Consejo de 21 de junio de 2024 sobre los cánceres evitables por vacunación.*

§ Reglamento: es el acto jurídico vinculante más completo del derecho derivado, que consta de tres características fundamentales: tiene alcance general (no tiene destinatarios concretos), ya que su objetivo es regular situaciones jurídicas generales en abstracto; es obligatorio en todos sus elementos (de manera que obliga tanto en el resultado que debe alcanzarse con esa norma como en los medios para lograrlo); y, por último, el reglamento es directamente aplicable en todos los Estados miembros de la UE, por lo que despliega de manera efectiva y uniforme sus efectos sin que necesite intermediación alguna por parte de los Estados.

> *Ejemplo: Reglamento (UE) 2024/1991 del Parlamento Europeo y del Consejo, de 24 de junio de 2024, relativo a la restauración de la naturaleza y por el que se modifica el Reglamento (UE) 2022/869.*

§ Transposición: proceso de incorporación de las directivas comunitarias a las leyes nacionales de los Estados miembros de la UE.

Las directivas no son directamente aplicables en todos los Estados miembros, sino que requieren de leyes nacionales para incorporar sus normas a la legislación nacional. Los Estados miembros deben adoptar estas medidas nacionales en el plazo que se especifica en la directiva y notificarlas a la Comisión Europea.

IV. Aproximación y conceptualización del Derecho Internacional público

El Derecho Internacional Público tiene como objetivo principal regular las relaciones (derechos y obligaciones) entre los sujetos de la sociedad internacional. El sistema internacional actual se caracteriza por su complejidad y fragmentación, tanto en el número de actores implicados como en las temáticas que aborda.

La sociedad internacional contemporánea, carente de un «gobierno global» es horizontal y está escasamente institucionalizada y se caracteriza a su vez por ser universal, heterogénea y polimórfica. En este escenario, los Estados, desde el principio de igualdad soberana buscan coexistir y trabajar juntos para lograr intereses comunes a través de organizaciones internacionales que reciben una cierta subjetividad por parte de los Estados. El rol coordinador de la organización de las Naciones Unidas en este sistema merece especial atención. Esta organización, establecida después de la Segunda Guerra Mundial, juega un papel importante en la cooperación internacional, desde la promoción de los derechos humanos y el desarrollo sostenible hasta la gestión de crisis humanitarias y la lucha contra el cambio climático.

Debido al amplio número de áreas temáticas de las que se encarga el Derecho Internacional Público, surgen sistemas u ordenamientos propios que son dignos de análisis individual. Así podemos hablar del derecho internacional de los derechos humanos, el Derecho de los Tratados, el Derecho del Mar, o el Derecho Internacional Humanitario, entre otros. En todas estas áreas surgen términos, principios e interacciones que el estudiante ha de comprender de forma precisa.

En el Derecho Internacional Público se producen diversas cuestiones recurrentes tales como la subjetividad de otros actores diferentes de los Estados y las organizaciones internacionales, la creación de tribunales internacionales y el valor de la jurisprudencia de estos, la existencia de diferentes métodos de creación de obligaciones internacionales, la solución pacífica de controversias o la gestión de la seguridad internacional. De todas ellas surgen conceptos propios de la materia que requieren un estudio sosegado. La comprensión de esta disciplina a través de sus términos más esenciales es fundamental para profesionales del derecho, las relaciones internacionales y aquellos interesados en los asuntos globales.

V. Textos de referencia

- Corte Internacional de Justicia, Estatuto de la Corte Internacional de Justicia, Naciones Unidas (https://www.un.org/es/documents/icjstatute/)

- Convención de Viena sobre el Derecho de los Tratados (23 de mayo de 1969)

- Convención de las Naciones Unidas sobre el Derecho del Mar (10 de diciembre de 1982)

- Carta de las Naciones Unidas (26 de junio de 1945)

- Estatuto de Roma de la Corte Penal Internacional (17 de julio de 1998)

VI. Conceptos básicos de Derecho Internacional Público

§ **Actos unilaterales:** declaraciones formales formuladas públicamente por un Estado con la intención de producir obligaciones en virtud del Derecho internacional. De forma no exhaustiva, pueden considerarse actos unilaterales la promesa, la renuncia o el reconocimiento y no es necesario que se emitan en forma escrita. El carácter vinculante de tales declaraciones se basa en la buena fe y en todo caso la Corte Internacional de Justicia ha declarado que debe examinarse su contenido y contexto caso por caso. Los actos unilaterales pueden dirigirse a uno o varios Estados o a una organización internacional y sólo son vinculantes para el Estado si la formula una de las autoridades facultadas para ello.

> *Ejemplo: Ver Corte Internacional de Justicia, fallo de 20 de diciembre de 1974, Caso relativo a los ensayos nucleares (Nueva Zelanda c. Francia) y fallo del 15 de junio de 1962, Caso relativo al templo de Preah Vihear.*

§ Adhesión: acto por el cual un Estado entra a formar parte de un tratado ya negociado y firmado por otros Estados con efectos jurídicos similares a la ratificación. Aunque los requisitos particulares de esta figura se establecen en cada tratado, a falta de disposiciones en este sentido, la adhesión sólo será posible si los Estados negociadores han convenido aceptar la adhesión del Estado en cuestión.

Ejemplo: art. 15 de la Convención de Viena sobre el derecho de los tratados de 1969.

§ Alta mar: la Convención de las Naciones Unidas sobre el Derecho del Mar de 10 de diciembre de 1982 (CNUDM) define por analogía como alta mar a todas aquellas partes del mar no incluidas en la zona económica exclusiva, en el mar territorial o en las aguas interiores de un Estado o en las aguas archipelágicas de un Estado archipelágico. En principio esta zona marítima ha de estar abierta a todos los Estados sin excepción para gozar al menos de libertad de navegación, libertad de pesca y libertad de sobrevuelo. En esta zona los buques están sometidos a la jurisdicción exclusiva del Estado del pabellón y los buques de Estado o de guerra gozan en virtud de los art. 95 y 96 CNUDM de inmunidad de jurisdicción absoluta. Estos han de asegurarse de que los buques que enarbolan su pabellón presten auxilio en esta zona en estos casos.

§ Apátrida: persona que no es considerada como nacional suyo por ningún Estado conforme a su legislación. Esta situación de vulnerabilidad puede producirse por conflictos entre las leyes de nacionalidad, por cuestiones de discriminación o por cuestiones políticas. El derecho internacional busca evitar este tipo de situaciones a través de la Convención sobre la materia de 1961 que tiene como objetivo prevenir la apatridia y reducirla a lo largo del tiempo.

§ Aquiescencia: tipo de consentimiento en un sentido tácito que se deduce de la abstención de acción o del silencio de un Estado ante un hecho de otro Estado que sea susceptible de modificar una situación jurídica existente. Este término, íntimamente ligado con el concepto *estoppel* está fundado en los principios de buena fe y equidad.

Ejemplo: Corte Internacional de Justicia, fallo de 12 de octubre de 1984, caso relativo a la delimitación de la frontera marítima en la región del Golfo de Maine.

§ Costumbre: se trata de una de las fuentes del derecho internacional recogida en el art. 38 del Estatuto de la Corte Internacional de Justicia. La costumbre internacional se define como la práctica general, no escrita, constante, uniforme y duradera de los sujetos de derecho internacional público. Consta de dos elementos constitutivos, el elemento material y el elemento espiritual o subjetivo también denominado opinio iuris. Este último, más difícil de probar que el primero, refleja la convicción de que la acción o inacción del sujeto es una obligación jurídica. Para que una práctica sea considerada costumbre además de estos dos requisitos ha de ser aceptada de manera general o particular en el caso de las costumbres bilaterales o regionales y además a de reiterarse en el tiempo. Muchas de las normas que originalmente surgieron como costumbre internacional fueron codificadas posteriormente.

Ejemplo: Zona económica exclusiva con anterioridad a la CNUDM.

§ Derecho de gentes: también llamado *ius gentium*. Se utiliza para referirse a la denominación de las reglas jurídicas predecesoras del actual derecho internacional en el momento del descubrimiento y conquista de América. La doctrina española de teólogos juristas desarrollada desde la Universidad de Salamanca con Francisco de Vitoria a la cabeza es un gran referente a la hora de estudiar este concepto.

§ Derecho de paso inocente: la soberanía del Estado ribereño es plena en el mar territorial que corresponde al espacio marítimo situado más allá de las aguas interiores y las aguas adyacentes a éstas, sobre el que se extiende la soberanía del Estado ribereño. En lo que respecta al régimen de navegación, el Estado ha de soportar el derecho de paso inocente en la navegación marítima entendiendo que es inocente mientras no perjudique la paz, el orden o la seguridad del estado ribereño. El paso es el hecho de navegar por aguas territoriales ya sea incidentalmente para atravesarlo o para dirigirse a aguas interiores. En todo caso el paso deberá hacerse en superficie, incluidos los submarinos, mostrando la bandera del pabellón. Respecto a buques de guerra extranjeros, el derecho internacional del mar permite a los estados ribereños establecer las condiciones que consideren necesarias para regular este tipo de paso.

Ejemplo: art. 19.2 CNUDM.

§ Derecho Internacional Humanitario (DIH): conjunto de normas aplicables durante un conflicto armado que buscan establecer límites a los medios de hacer la guerra, proteger a los combatientes heridos, a la población civil incluso a las infraestructuras críticas. Este conjunto de normas no juzga establece si el conflicto armado fue legítimo o no, sino que trata de regular el comportamiento de las partes una vez ha comenzado.

Ejemplo: Convenios de Ginebra, (CICR).

§ Dualismo: teoría que considera que el derecho internacional adquiere fuerza una vez es traspuesto al ordenamiento interno. Esta posición teórica considera ambos ordenamientos jurídicos como sistemas separados siendo el interno el que determina las condiciones para que los tratados internacionales se transpongan al derecho interno.

Ejemplo: Países como Alemania o Reino Unido siguen esta doctrina.

§ Estoppel: principio jurídico anglosajón proveniente del *Common Law* utilizado en algunas ocasiones por la CIJ y la doctrina. Aunque se han trazado similitudes entre este principio y la doctrina de los actos propios del derecho romano, cabe diferenciar entre *estoppel by aquiescence* y *estoppel by representation*. En este último, un Estado mediante su actitud o representación de los hechos que ha de ser inequívoca, incondicional y emitida por un órgano competente da a entender a otro que existe una situación determinada y este modifica su conducta basándose en esa apariencia. En esos casos el Estado creador no puede alegar que la situación no existía o era distinta porque el Estado que confió en su representación de los hechos y puede generase una situación de *estoppel*. La importancia de ambos comportamientos radica en su posible oponibilidad ante un tercero.

Ejemplo: caso relativo al templo de Preah Vihear, las autoridades tailandesas crearon la impresión de que reconocían una delimitación fronteriza y no podían impugnar posteriormente.

§ Firma: medio de autentificación de los tratados. Este acto expresa la voluntad del Estado de seguir con el procedimiento de conclusión del tratado. Aunque no tiene el mismo valor que la ratificación, sí genera para el Estado obligaciones de actuación de buena fe respecto al objetivo general del tratado en cuestión. En los casos de firma «ad referéndum» esta deviene definitiva una vez confirmada por el órgano responsable del Estado.

§ **Forum prorogatum:** concepto fundamental del derecho procesal internacional que se refiere al sometimiento a la jurisdicción de un determinado tribunal. En el caso concreto de la Corte Internacional de Justicia (CIJ), aceptación implícita de la competencia mediante la realización de actos procesales de participación en el procedimiento de los que se deduce el consentimiento.

> *Ejemplo: Camboya vs. Tailandia (CIJ) en el que la Corte concluyó que Tailandia, al participar en negociaciones y presentar alegatos, había implícitamente aceptado la jurisdicción de la CIJ.*

§ **Genocidio:** crimen internacional definido por primera vez en la Convención para la Prevención y la Sanción del Delito de Genocidio (art. 2), adoptada por la Asamblea General de las Naciones Unidas el 9 de diciembre de 1948. Este delito incluye actos de matanza de miembros del grupo, lesiones graves a la integridad física o mental de los miembros del grupo, el sometimiento intencional del grupo a condiciones de existencia que lleven a su destrucción física, total o parcial, las medidas destinadas a impedir los nacimientos en el seno del grupo o el traslado por fuerza de niños del grupo. Cualquiera de los siguientes actos que deben cometerse con la intención de destruir, total o parcialmente, a un grupo nacional, étnico, racial o religioso.

> *Ejemplo: Corte Internacional de Justicia, fallo de 26 de febrero de 2007, Bosnia c. Serbia y Montenegro.*

§ **Inmunidad de jurisdicción:** principio fundamental del derecho internacional que establece que un Estado, sus órganos y sus bienes no pueden ser sometidos a la jurisdicción de los tribunales de otro Estado. Existen excepciones a este principio general relativas a actos comerciales, actos contrarios al derecho internacional o si media consentimiento.

> *Ejemplo: transacción comercial de una embajada.*

§ *Ius cogens*: se refiere a aquellas normas de derecho imperativo o perentorio que son tan fundamentales para la comunidad internacional de Estados que no admiten acuerdo en contrario. Son de obligado cumplimiento para todos los Estados, independientemente de que hayan ratificado o no los tratados internacionales que las contienen.

Ejemplo: prohibición de la tortura.

§ **Libertades del aire:** son un conjunto de derechos que regulan la aviación comercial internacional, permitiendo a las aerolíneas realizar diversas operaciones en el espacio aéreo de otros estados, desde sobrevuelos hasta el transporte de pasajeros y carga.

Ejemplo: Convenio sobre Aviación Civil Internacional del 7 de diciembre de 1944.

§ **Monismo:** teoría que considera que el derecho internacional prevalece sobre el derecho interno. El derecho internacional es válido por sí mismo y el juez nacional puede anular una norma nacional si contradice un instrumento jurídico internacional ratificado por el Estado.

Ejemplo: Países Bajos sigue esta doctrina.

§ **Piratería**: se entiende por piratería marítima todo acto de violencia, detención o depredación cometido en alta mar con un propósito personal por la tripulación o los pasajeros de un buque privado contra otro buque, las personas o bienes a bordo de este.

Ejemplo: art. 101 CNUDM.

§ **Principio de libre determinación de los pueblos:** principio general del derecho internacional que contempla que todos los pueblos tienen el derecho inalienable a determinar de forma libre su condición política sin injerencia externa y ostentan el derecho a procurar su desarrollo económico, social y cultural. No existe una definición unificada y aceptada internacionalmente del grupo social que compone los pueblos. Este principio colisiona en muchas ocasiones con el principio de integridad territorial y se consolidó como un principio rector de las Naciones Unidas en el momento de la descolonización posterior a la Segunda Guerra Mundial.

Ejemplo: Resolución 1514 (XV) de la Asamblea General.

§ **Ratificación:** acto internacional mediante el que un Estado indica su consentimiento en obligarse por un tratado, generalmente mediante el canje de los instrumentos requeridos.

Ejemplo: arts. 2,14 y 16 de la Convención de Viena sobre el derecho de los tratados de 1969.

§ **Refugiado:** dícese de la persona que se encuentra fuera del país de su nacionalidad y no puede o no quiere acogerse a la protección de tal país debido a fundados temores de ser perseguida por motivos de raza, religión, nacionalidad, pertenencia a un determinado grupo social u opiniones políticas. La definición internacional de refugiado se encuentra en la Convención sobre el Estatuto de los Refugiados de 1951 que es complementada por el Protocolo sobre el Estatuto de los Refugiados de 1967. A nivel regional el término puede incluir también a aquellas personas que se ven obligadas a abandonar su país debido a una agresión externa, ocupación o dominación extranjera.

Ejemplo: refugiados sirios a partir de 2011.

§ **Reserva:** tipo de declaración unilateral no autónoma de un Estado o de una Organización Internacional dependiente del acuerdo internacional al que se refiera. Esta, con independencia de su enunciado ha de formularse en el momento de firmar, ratificar, aceptar o adherirse a un tratado y ha de tener por objetivo modificar o excluir la aplicación de alguna de las disposiciones del tratado sobre el que se formulan. Algunos tratados prohíben la formulación de reservas. Sin embargo, en los casos en los que no existe esta prohibición la CIJ ha determinado que las reservas que afectan a un elemento necesario para la estructura general del tratado o que comprometen la razón de ser del tratado no son válidas.

Ejemplo: Convenio de Viena de 1969 y Corte Internacional de Justicia, Opinión Consultiva de 28 de mayo de 1951.

§ **Sujetos (del Derecho Internacional):** aquellas entidades con capacidad para ser titulares de derechos y obligaciones conforme al derecho internacional y capaz de hacerlos valer mediante una reclamación internacional. Aunque el Estado posee una subjetividad originaria y plena, existen otros restantes sujetos del ordenamiento internacional con una subjetividad limitada. Otras entidades políticas como la Santa Sede o la Orden de Malta han sido dotados por el derecho internacional con diversos grados de personalidad jurídica.

§ **Territorio no autónomo:** se define como territorio cuyo pueblo «no ha alcanzado todavía la plenitud del gobierno propio que está separado geográficamente del Estado que lo administra, es distinto de éste en sus aspectos étnicos y culturales, y se encuentra en una situación de subordinación político-administrativa respecto de la potencia administradora.

> *Ejemplo: Capítulo XI de la Carta de las Naciones Unidas y Comité Especial Encargado de Examinar la Situación con Respecto a la Aplicación de la Declaración sobre la Concesión de la Independencia a los Países y Pueblos Coloniales.*

50 CONCEPTOS DE DERECHO DEL TRABAJO (PARTE PÚBLICA)

Profa. Dña. Ana García García

Área de Derecho del Trabajo y de la Seguridad Social
Universidad de Salamanca

I. Aproximación y conceptualización del Derecho del Trabajo

Es un contenido complejo el del Derecho del Trabajo. Genuinamente, estudia y regula el trabajo «asalariado», es decir, el intercambio de trabajo por salario, y las relaciones que surgen en éste: las relaciones laborales. Allá donde se den las notas características de la relación laboral: voluntariedad (prestado libremente), ajenidad (prestación laboral para otra persona) y dependencia (en cumplimiento de un contrato de trabajo pactado en los términos que determine el empleador) será de aplicación el Derecho del Trabajo. Lo que ocurre es que se ha producido una expansión, por lo que también conoce de otras materias: trabajo autónomo, políticas de empleo, prevención de riesgos laborales, Seguridad Social, etc.

En cualquier caso, de la contraposición de las partes de la relación laboral nace un conflicto de intereses que determinará la dinámica de las relaciones laborales constantemente. Por ello, el Derecho del Trabajo persigue la protección de la parte más débil de la relación laboral —las personas trabajadoras— en tensión constante con las necesidades de la empresa que busca sobrevivir a la competitividad. Como resultado, se trata de un derecho compensador de las desigualdades intrínsecas del trabajo asalariado.

Es una forma de regulación del trabajo asalariado que surge en la sociedad capitalista (tras la Revolución Industrial) por lo que no tiene más de 150 años de edad. Si bien durante toda la historia ha existido que una persona realice una actividad productiva en beneficio de otra, esta relación no se regulaba mediante el contrato de trabajo (que es una figura jurídica moderna), sino que se aplicaba el derecho civil, administrativo o mercantil.

Además de su fundamento, también dan cuenta de su singularidad el contenido de sus reglas sustantivas, los sujetos que las establecen, los instrumentos para su elaboración y los procedimientos para ponerlas en práctica. Así, dentro de él, la clasificación principal reconoce un Derecho individual del Trabajo (abarca las normas sobre la relación de trabajo, el contrato de trabajo, las condiciones mínimas de trabajo, las vicisitudes de la relación laboral y la extinción de la misma) y un Derecho colectivo del Trabajo (abarca las normas sobre el sistema de relaciones laborales: sindicatos y asociaciones empresariales, los convenios colectivos, las medidas de conflicto colectivo y los medios de solución y la participación y representación de los trabajadores en la empresa). Sin embargo, esta clasificación no se corresponde exactamente con una diferencia entre Derecho del Trabajo público y privado, sino que es mucho más complejo que eso.

El Derecho del Trabajo posee una originalidad y una singularidad genuinas porque, dada la complejidad de la materia, utiliza instituciones jurídicas de diversa procedencia dogmática, contando con categorías particulares que no se dan en otras ramas e incluso con una fuente específica: la autonomía colectiva. No encaja exactamente en ninguna de las dos categorías anteriores y por eso es considerado como un «*tertium genus*», pues adopta conceptos y técnicas de un ámbito y de otro, que después se adaptan a las especificidades requeridas por la realidad que regula. Así que se considera que forma parte de lo que se conoce como Derecho social.

II. Legislación básica de referencia

- Real Decreto Legislativo 2/2015, de 23 de octubre, por el que se aprueba el texto refundido de la Ley del Estatuto de los Trabajadores.

- Ley Orgánica 11/1985, de 2 de agosto, de Libertad Sindical.

- Real Decreto Legislativo 5/2000, de 4 de agosto, por el que se aprueba el texto refundido de la Ley sobre Infracciones y Sanciones en el Orden Social.

– Real Decreto Legislativo 8/2015, de 30 de octubre, por el que se aprueba el texto refundido de la Ley General de la Seguridad Social.

– Ley 31/1995, de 8 de noviembre, de Prevención de Riesgos Laborales.

– Ley 23/2015, de 21 de julio, Ordenadora del Sistema de Inspección de Trabajo y Seguridad Social.

– Real Decreto-ley 17/1977, de 4 de marzo, sobre relaciones de trabajo (Ley de huelga)

– Ley 36/2011, de 10 de octubre, reguladora de la jurisdicción social.

– Ley 3/2023, de 28 de febrero, de Empleo.

III. Definición de conceptos básicos

§ **Administración laboral:** actividades de la Administración pública en materia de política nacional del trabajo llevadas a cabo por el conjunto de órganos encargados de la aplicación y ejecución de la política y legislación del Estado en materia de empleo, relaciones de trabajo y protección social, cuya competencia es compartida entre el Estado y las Comunidades autónomas.

> *Ejemplo: el Servicio Público de Empleo Estatal, el Servicio Regional de Relaciones Laborales Autonómico (de Castilla y León).*

§ **Autonomía colectiva:** poder autónomo reconocido a las partes de la relación laboral (representantes de las personas trabajadoras y representantes de los empresarios), que concurre con el poder del Estado para la ordenación de las condiciones de trabajo y de las relaciones entre los agentes sociales. Se materializa en el proceso de la negociación colectiva y, en caso de resultado satisfactorio, en el convenio colectivo.

> *Ejemplo: las asociaciones empresariales y los sindicatos más representativos tienen poder para negociar y llegar a acuerdos en forma de convenio colectivo que regulen las condiciones laborales de un determinado sector.*

§ **Autoridad laboral:** órgano o conjunto de órganos de la Administración laboral que ejerce la competencia ejecutiva sobre legislación laboral que tenga atribuida, según estén transferidas (o no) a las Comunidades Autónomas. Cuando el Estatuto de los Trabajadores hace referencia a la Autoridad laboral, ésta dependerá para cada caso concreto (Autoridad laboral europea; Gobierno central: Ministerio de Empleo y Seguridad Social y Direcciones Provinciales de Trabajo; Administración laboral autonómica).

Ejemplo: En un supuesto de despido colectivo que afecte a más de 200 personas trabajadoras, la autoridad laboral encargada de supervisar el proceso es la Dirección General del Ministerio de Empleo y Seguridad Social.

§ **Brecha salarial de género:** es la diferencia relativa que existe entre el salario de los hombres y de las mujeres, que suele expresarse en forma de porcentaje y que, en general, es negativa para ellas debido a las condiciones estructurales del mercado de trabajo que sufren: mayor temporalidad, mayor precariedad y empleos menos valorados.

Ejemplo: en 2022, la diferencia salarial bruta entre hombres y mujeres en España fue del 15,7 %.

§ **Consejo Económico y Social (CES):** órgano colegiado de carácter consultivo con funciones de asesoramiento y colaboración en materia socioeconómica y laboral, así como de comunicación entre los distintos intereses económicos y sociales dentro de su ámbito. Se compone de consejeros designados por las organizaciones sindicales, empresariales y profesionales, cuyo número varía según se trate del CES de España o de una comunidad autónoma.

Ejemplo: el CES de Castilla y León es una Institución Propia de la Comunidad creada en 1990 y está compuesto por 36 miembros.

§ **Cierre patronal (*o lock-out*):** principal medida de conflicto colectivo patronal que consiste en la clausura temporal del centro de trabajo, por decisión unilateral del empresario, que produce la imposibilidad de prestar el trabajo, generalmente con la intención de forzar el desistimiento de las reivindicaciones. Puede ser ofensivo/de agresión o defensivo/de respuesta en función de si responde o no a un comportamiento previo de las personas trabajadoras. Sólo es legal si: hay un notorio peligro de violencia para las personas o las cosas, si hay una ocupación ilegal del centro de trabajo o si la inasistencia es tan alta que impide gravemente el proceso normal de producción.

Ejemplo: en el marco de una huelga del transporte, varios piquetes violentos tratan de impedir la salida de los autobuses mediante el

> *bloqueo de las carreteras mediante la quema de contenedores y otros materiales. Ante el peligro para las personas usuarias, conductoras y los autobuses, la empresa decide cerrar.*

§ **Concertación social:** resultado o forma específica de diálogo social caracterizada por la negociación y firma de pactos o acuerdos formales entre los representantes sociales (asociaciones de empresarios y sindicatos) y el Gobierno, sobre políticas de contenido social.

> *Ejemplo: Después de semanas de negociación entre sindicatos, empleadores y Gobierno, se firma un acuerdo nacional en el que se establece un incremento del salario mínimo interprofesional.*

§ **Conciliación laboral:** proceso administrativo de resolución extrajudicial configurado como un requisito previo obligatorio en una reclamación judicial en materia laboral (con excepciones). Debe solicitarlo la persona trabajadora mediante una papeleta de conciliación y tras el acto de conciliación podrá finalizar el proceso con o sin avenencia, sin efecto o desistido.

> *Ejemplo: un trabajador quiere reclamarle a la empresa cantidades salariales adeudadas, pero, antes de acudir al Juzgado de lo Social, deberá acudir al Servicio de Mediación, Arbitraje y Conciliación de su Comunidad Autónoma para tratar de llegar a un acuerdo.*

§ **Conflicto colectivo**: controversia o enfrentamiento expreso entre un conjunto de personas trabajadoras y uno o varios empresarios en el seno de la relación de trabajo, que se define por afectar de manera indiferenciada a una pluralidad de personas trabajadoras en torno a un interés colectivo de grupo (no un interés individual ni la suma de los intereses de cada persona). Se clasifica en función de si la discrepancia es sobre la interpretación de una norma (conflicto colectivo jurídico) o sobre la intención de modificar las normas aplicables a sus intereses (conflicto económico).

> *Ejemplo: La dirección de la empresa decide modificar unilateralmente la retribución de las horas extraordinarias, por lo que la representación de las personas trabajadoras presenta una demanda por conflicto colectivo por no cumplir con los requisitos legales para tal modificación y las consecuencias negativas que supone para los derechos de la plantilla.*

§ **Convenio colectivo:** acuerdo escrito, resultado de la negociación colectiva (pactado entre los representantes de las personas trabajadoras y de los empresarios) que regula las condiciones de trabajo aplicables a las personas trabajadoras incluidas en su ámbito de aplicación correspondiente. Pueden ser estatutarios o extraestaturarios en función de si siguen o no las normas del Estatuto de los Trabajadores. Pueden clasificarse según niveles, sectores y ámbito geográfico.

Ejemplo: Convenio colectivo del sector del metal en Salamanca.

§ **Cotización:** aportación económica obligatoria, tanto para empresas como personas trabajadoras, para contribuir al sostenimiento económico del sistema de Seguridad Social. Se calcula en función de la base de cotización, generalmente vinculada a los salarios o ingresos de la persona trabajadora.

Ejemplo: una persona trabajadora con un salario de 2000 € debe cotizar a la Seguridad Social el 4,7 % (94 €) y su empleador el 23,6 % (472 €).

§ **Derecho del Trabajo:** rama del derecho que regula el trabajo asalariado o por cuenta ajena (intercambio de trabajo por salario), cuyo objetivo principal es equilibrar los intereses entre ambas partes de la relación laboral, canalizando el conflicto intrínseco que existe en esta relación contractual y estableciendo un marco normativo que garantice los derechos de las personas trabajadoras atendiendo también a la pervivencia de las empresas.

Ejemplo: el derecho aplicable a la regulación de la relación contractual entre un dependiente de una tienda y su empleadora.

§ **Derecho Sindical o Derecho colectivo del Trabajo:** sistema de normas jurídicas resultado de la regulación estatal y de la autonomía colectiva que regula el régimen jurídico de los sindicatos y otras organizaciones de representación de los trabajadores, su actividad y su relación con los empresarios, asociaciones de empresarios o la Administración Pública.

Ejemplo: el derecho aplicable a la regulación de los medios y actividades que un conjunto de personas trabajadoras puede hacer en su empresa para defender sus derechos a intereses frente a su empleador.

§ Diálogo social: proceso de negociación, consulta y participación entre Gobierno, asociaciones de empleadores y sindicatos, que puede darse en diferentes niveles y abarcar una amplia gama de materias relacionadas con las políticas económicas, laborales y sociales. No es lo mismo que la concertación social, que es una forma de expresión del diálogo social. Tampoco es lo mismo que negociación colectiva, que es bilateral.

> *Ejemplo: una reunión tripartita entre sindicatos, empleadores y Gobierno donde se discute la necesidad de modificar la legislación laboral para mejorar la protección de los derechos de los trabajadores. Cada parte expone su posición y se intercambian ideas sobre la creación de nuevas políticas de conciliación entre la vida personal y laboral, sin que se adopten decisiones vinculantes en ese momento.*

§ Desconexión digital: derecho de las personas trabajadoras a no atender las comunicaciones electrónicas (correo electrónico, mensajes de texto, llamadas, etc.) fuera de su horario laboral, con el objetivo de proteger el tiempo de descanso y la intimidad de su vida personal y familiar.

> *Ejemplo: un empleado que termina su jornada laboral a las 17 horas tiene derecho a no responder correos electrónicos o mensajes relacionados con su trabajo hasta que comience su siguiente turno, sin que ello implique consecuencias negativas por parte de su empleador.*

§ Diligencia debida: estándar exigible a las empresas que debe guiar su actuación propia y en relación con todos los sujetos que participan en su cadena de valor, mediante la puesta en marcha de acciones dirigidas a detectar, evaluar, prevenir, mitigar y hacerse responsables de los impactos negativos sobre las condiciones laborales y derechos humanos de todas las personas trabajadoras que forman parte de su proceso de producción.

> *Ejemplo: una empresa transnacional deberá responder extracontractualmente en relación con los daños provocados por violaciones de derechos humanos en sus empresas contratistas, filiales o socios comerciales, quedando obligada a repararlos.*

§ *Dumping* social: concepto que hace referencia a una variedad de prácticas empresariales de competencia desleal, intencionalmente abusivas, que tratan de eludir la aplicación de las regulaciones nacionales llevando su producción a otros países con peores condiciones laborales, fiscales o medioambientales, con el objetivo de reducir los costes mediante la vulneración de derechos humanos y la explotación laboral.

> *Ejemplo: empresa textil española cuyas fábricas de producción se encuentran en países subdesarrollados donde las condiciones laborales son casi inexistentes, soportando unos costes laborales muy inferiores a los que tendría que soportar de acuerdo a la legislación española.*

§ **Empleo:** forma específica de trabajo que implica una relación contractual formal y reconocida legalmente entre una persona trabajadora y un empleador, mediante un contrato de trabajo y a cambio de una remuneración, donde existen derechos y obligaciones para ambas partes. No es simplemente una actividad remunerada, sino que implica una relación laboral sociopolíticamente regulada. Pista: el empleo se tiene.

> *Ejemplo: una persona trabaja en un restaurante donde, contratada como cocinera, se dedica a la preparación de las comidas, seleccionando ingredientes, comprándolos, cocinando y limpiando después.*

§ **Empleado público:** término que hace referencia a todas las personas que trabajan para la Administración Pública al servicio de los intereses generales en cualquier nivel territorial y con independencia de la tipología contractual o del vínculo jurídico con la Administración. Incluye a: funcionarios de carrera, funcionarios interinos, personal eventual, personal laboral y personal directivo.

> *Ejemplo: una persona contratada para tareas administrativas en un hospital público.*

§ **Estado social:** término que hace referencia tanto a la estructura del Estado como a su orientación política y que exige del mismo una intervención activa para garantizar el ejercicio de los derechos y libertades que reconoce en relación a la dignidad de la persona, para lo que debe asumir la función de retribución de la riqueza y de la renta y la provisión de servicios esenciales a toda la población.

> *Ejemplo: el sistema de salud pública accesible y gratuito para toda la ciudadanía o el sistema público de pensiones son expresiones del Estado social español.*

§ Esquirolaje: término que hace referencia a la práctica empresarial que consiste en la sustitución de personas huelguistas por otras, denominadas esquiroles, que se hacen cargo del trabajo abandonado por quienes sí secundan la huelga. Salvo en supuestos justificados, la sustitución de huelguistas por esquiroles está prohibida. La principal clasificación distingue entre esquirolaje interno (si se recurre a personas trabajadoras de la propia plantilla) o externo (si se contrata a nuevas personas trabajadoras), a la que se añade el esquirolaje tecnológico en referencia a la sustitución de huelguistas por algún tipo de tecnología.

> *Ejemplo: durante la huelga en una empresa de la industria audiovisual, se automatiza el proceso de emisión de un partido de futbol en directo ante la ausencia en el trabajo de las personas encargadas de hacerlo manualmente.*

§ Flexibilidad laboral: concepto que engloba la estrategia empresarial para la adaptación a las circunstancias del mercado y el instrumento político para hacer frente al desempleo mediante la relajación de las normas que regulan las condiciones laborales para reducir las cargas de la empresa en detrimento de la estabilidad en el trabajo y el respeto a los derechos laborales. En la actualidad ha evolucionado hacia el concepto de «flexiseguridad».

> *Ejemplo: la famosa Reforma laboral de 2012 (Real Decreto-ley 3/2012, de 10 de febrero, de medidas urgentes para la reforma del mercado laboral) permitió el «descuelgue» (no aplicación), no solo en materia salarial, sino de todas las condiciones previstas en el convenio colectivo.*

§ Fondo de Garantía Salarial (FOGASA): organismo autónomo adscrito al Ministerio de Trabajo y Economía Social que se hace cargo del abono a las personas trabajadoras de los salarios e indemnizaciones que las empresas para las que trabajan no han podido satisfacer por encontrarse en situación legal de insolvencia o por haber sido declaradas en situación de concurso.

> *Ejemplo: tras la declaración de concurso de acreedores de una empresa maderera, el FOGASA se hace cargo de los salarios de la plantilla.*

§ Formación profesional: conjunto de actividades formativas que capacitan a las personas para el desempeño cualificado de diversas profesiones, preparándolas para el acceso al empleo y para la participación activa en la vida social, cultural y económica. En España se organiza por familias profesionales, niveles (Grado básico, medio, superior o cursos de especialización) y módulos que combinan teoría y prácticas en centros de trabajo.

Ejemplo: el Grado de Técnico Superior en Producción de Audiovisuales y Espectáculos se puede cursar en Zamora.

§ **Funcionario de carrera:** aquellas personas que prestan sus servicios con carácter permanente para la Administración Pública en virtud de un nombramiento legal, tras un proceso de selección basado en los principios de igualdad, mérito y capacidad, y cuya relación jurídica está regulada por el Derecho Administrativo.

Ejemplo: una profesora de educación secundaria que ha aprobado una oposición y ha obtenido una plaza fija en un instituto público.

§ **Garantía de indemnidad:** derecho individual construido por la jurisprudencia constitucional ligado a la tutela judicial efectiva, aplicable a cualquier relación jurídica, pero que tiene una aplicación específica en el ámbito laboral, pues protege a las personas trabajadoras frente a las represalias —no solo frente al despido, sino a cualquier otra medida empresarial— derivadas del derecho a ejercer acciones judiciales frente a la empresa para la defensa de sus derechos.

Ejemplo: la empresa vulneró la garantía de indemnidad de la trabajadora al despedirla tras la impugnación en vía judicial de la negativa de la empresa a concederle una reducción de jornada por motivos de conciliación.

§ **Huelga:** medida clásica de conflicto colectivo que consiste en la perturbación del proceso productivo de la empresa para la que se trabaja, principalmente mediante la abstención o cesación del trabajo, decidido de manera concertada y ejercido de manera colectiva por las personas trabajadoras para la defensa de sus intereses. Puede clasificarse según los sujetos que participen, las causas que la justifiquen, la modalidad de ejercicio o su consideración jurídica.

Ejemplo: ante las reiteradas negativas de la empresa a negociar un nuevo convenio colectivo, la plantilla decide acudir a la huelga indefinida como medida de presión.

§ Incapacidad: situación en que se encuentra una persona trabajadora que le impide prestar su trabajo debido a una enfermedad o accidente, sea o no laboral. Puede ser temporal o permanente. Para la incapacidad permanente (parcial, total, absoluta o gran invalidez) debe haber estado sometida a tratamiento prescrito, presentar reducciones anatómicas o funcionales graves y que sean susceptibles de determinación objetiva, previsiblemente definitivas y disminuyan o anulen su capacidad laboral definitivamente.

Ejemplo: en un accidente laboral en una empresa resultan heridas dos personas, la primera sufre una fractura en la pierna, lo que le incapacita temporalmente para trabajar, mientras que la segunda sufre una lesión medular severa por la que finalmente se le concede una incapacidad permanente total.

§ Inspección de Trabajo: servicio público y principal instrumento de la Administración laboral encargado de la vigilancia del cumplimiento de las normas del orden social, de exigir las responsabilidades pertinentes, del asesoramiento y, en su caso, conciliación, mediación y arbitraje en dichas materias (prevención de riesgos laborales, de seguridad social y protección social, colocación, empleo, formación profesional para el empleo y protección por desempleo, economía social, emigración, movimientos migratorios y trabajo de extranjeros, igualdad de trato y oportunidades y no discriminación en el empleo).

Ejemplo: Un bar recibe la visita de una inspectora de trabajo que le requiere la documentación sobre los contratos laborales de los camareros y examina las medidas de prevención de riesgos laborales implementadas.

§ Inversión de la carga de la prueba: mecanismo procesal que, habida cuenta del desequilibrio de poderes de las partes de la relación laboral, altera la distribución tradicional de la carga probatoria, de tal modo que cuando la persona trabajadora prueba indiciariamente que una acción del empresario puede enmascarar una discriminación o lesión de sus derechos fundamentales, es el empresario quien debe acreditar que su decisión obedece a motivos razonables y objetivos ajenos a todo propósito atentatorio.

Ejemplo: una mujer es despedida después de notificar a la empresa su intención de iniciar un proceso de transición de género. Tras la correspondiente impugnación del despido en vía judicial, si el

> *empleador no es capaz de probar que la acción obedece a un motivo objetivo y razonable, se declarará la vulneración de sus derechos y se calificará el despido como nulo.*

§ **Jurisdicción social:** orden jurisdiccional encargado de conocer las pretensiones que se promuevan dentro de la rama social del Derecho en su vertiente individual, colectiva, sobre Seguridad Social y aquellas contra las actuaciones de las Administraciones públicas realizadas en el ejercicio de sus potestades y funciones sobre las anteriores materias.

> *Ejemplo: Juzgado de lo Social de Salamanca, Sala de lo Social del Tribunal de Justicia de Castilla y León, etc.*

§ **Libertad sindical:** derecho fundamental laboral recogido en el artículo 28.1 CE y en diversas normas internacionales que reconoce la libertad para afiliarse y fundar sindicatos, libertad para su organización interna y su programa de acción, la acción sindical dentro y fuera de la empresa —incluida la huelga, la negociación colectiva y los conflictos colectivos—, incluyendo los derechos y garantías necesarias para asegurar la efectividad y el libre ejercicio del derecho. Se puede clasificar en función de su contenido individual/colectivo, de organización/de actividad, esencial/adicional.

> *Ejemplo: una persona es elegida como representante sindical en su empresa en ejercicio de su derecho de libertad sindical.*

§ **Libertad de empresa**: derecho constitucional del artículo 38 CE que reconoce la capacidad de decisión a su titular sobre la creación, organización y control de su empresa. Recoge el derecho a crear/ extinguir una empresa y a actuar en el mercado vendiendo sus productos y servicios, así como la libertad para organizarla internamente, incluyendo la libertad de selección y contratación, el poder de dirección y el poder disciplinario.

> *Ejemplo: la empresaria que decide crear una empresa con forma de sociedad limitada y contratar a cinco personas trabajadoras está ejerciendo su libertad de empresa.*

§ *Mobbing*: forma de acoso laboral (físico o psicológico) que se manifiesta a través de conductas hostiles y sistemáticas dirigidas contra una persona por parte de compañeros, superiores, o subordinados de forma consciente y abusiva, con el fin de degradar el clima laboral y aislarla, intimidarla o perjudicarla en su entorno de trabajo.

> *Ejemplo: Un chico entra nuevo en una empresa donde, desde el primer día, le ven una amenaza. Así que, para aislarlo y empujarlo a renunciar, comienzan a ignorarlo deliberadamente en reuniones, le asignan tareas menores o repetitivas, difunden rumores sobre su incompetencia y evitan proporcionarle la información necesaria para realizar su trabajo adecuadamente.*

§ **Negociación colectiva:** proceso formalizado de dialogo entre representantes de los trabajadores y empresarios (en ejercicio de su autonomía colectiva) que, en su caso, deriva en un acuerdo (convenio colectivo) para regular las condiciones de trabajo en un ámbito determinado. El artículo 37.1 CE garantiza el derecho a la negociación colectiva laboral y la fuerza vinculante de los convenios.

> *Ejemplo: durante seis semanas, la CEOE, UGT y CCOO en Castilla y León se han reunido para negociar el contenido del nuevo convenio colectivo de comercio en la comunidad autónoma.*

§ **Organización Internacional del Trabajo (OIT):** fundada en 1919, es una agencia tripartita de la ONU compuesta por representantes de gobiernos, empleadores y trabajadores de 187 Estados Miembros con el objetivo de establecer las normas del trabajo, formular políticas y elaborar programas promoviendo el trabajo decente de todos. Las normas internacionales establecen principios y derechos básicos en el trabajo en forma de convenios (tratados internacionales jurídicamente vinculantes que pueden ser ratificados por los Estados Miembros) y de recomendaciones (directrices no vinculantes).

§ **Precariedad laboral**: término amplio que refiere conceptualmente a la situación en la que se encuentran las personas que prestan su trabajo sin estabilidad ni seguridad ni derechos, lo que les impide alcanzar un equilibrio entre el esfuerzo que realizan, la retribución que perciben y las condiciones de vida que pueden permitirse. Entre las dimensiones que se utilizan se incluyen los bajos salarios, la temporalidad de la contratación, la sobrecualificación o las jornadas extensas, atípicas y parciales involuntariamente.

> *Ejemplo: una graduada en Derecho, con el título de abogada, ejerce en un bufete de abogados en el que está contratada por*

> *6 meses, con la promesa de renovarle el contrato, trabajando 40 horas semanales, en vez de las 17 horas que recoge su contrato, y con el sueldo mínimo interprofesional.*

§ **Prevención de riesgos laborales:** conjunto de actividades y medidas adoptadas en todas las fases de actividad de la empresa con el objetivo de evitar o disminuir los riesgos para la persona derivados de su trabajo, que consisten en identificar las posibilidades de sufrir un daño determinado, la evaluación de su impacto y las medidas preventivas para reducir o eliminar tal riesgo. Se inserta dentro de la seguridad y salud en el trabajo.

> *Ejemplo: una empresa maderera identifica un riesgo (exposición al ruido) e implementa medidas preventivas (protectores auditivos, paneles absorbentes, rotación de personal) para evitar problemas de salud auditiva en la plantilla.*

§ **Principio de indisponibilidad/irrenunciabilidad de derechos:** mecanismo legal que asegura la inclusión obligatoria en el contrato de trabajo de toda disposición normativa considerada indisponible para la persona trabajadora con la finalidad de garantizar el disfrute real de los derechos reconocidos. La renuncia de la persona trabajadora será nula de pleno derecho.

> *Ejemplo: una persona trabajadora no puede renunciar a sus vacaciones, pues se trata de un derecho a descansar reconocido como vacaciones periódicas retribuidas (artículo 40.2 CE), no sustituibles por compensación económica (artículo 38.1 ET).*

§ **Principio de la norma más favorable:** principio aplicativo que cumple una función de solución ante la concurrencia conflictiva entre dos o más normas vigentes aplicables simultáneamente al mismo supuesto, según el cual prevalecerá aquella norma más favorable (en su conjunto, y en cómputo anual) a la persona trabajadora, respetando en todo caso los mínimos de derecho necesario.

> *Ejemplo: si dos leyes de igual rango regulan el descanso laboral, se aplicará la que otorgue el descanso más largo.*

§ *Principio in dubio pro operario*: principio interpretativo aplicable solo a normas legales (no a normas convencionales), no reconocido expresamente por la ley, pero sí por la jurisprudencia y la doctrina, que cumple una función de protección de la persona trabajadora como parte débil de la relación laboral, según el cual, entre dos o más sentidos de la norma ha de escogerse el que resulte más favorable a la persona trabajadora.

Ejemplo: si una norma sobre despido es ambigua, se adoptará la interpretación que más beneficie a la persona trabajadora.

§ **Salario Mínimo Interprofesional (SMI):** cuantía retributiva que como mínimo puede percibir una persona trabajadora por su jornada de trabajo, mejorable por pacto individual o por convenio colectivo. Se regula anualmente por el Gobierno, previa consulta con las organizaciones sindicales y las asociaciones empresariales más representativas, teniendo en cuenta el Índice de Precios de Consumo, la productividad media nacional alcanzada, el incremento de la participación del trabajo en la renta nacional y la coyuntura económica general. Es inembargable.

Ejemplo: en 2014 una persona trabajadora a tiempo complejo como mínimo debía cobrar al mes 648,60 €, mientras que en 2024 ese mínimo asciende a 1.134 €.

§ **Seguridad y salud en el trabajo:** conjunto de actuaciones y normas sobre las condiciones de trabajo que tienen como finalidad proteger la seguridad y salud de las personas que trabajan tratando de prevenir, reducir o eliminar los riesgos que puedan afectar a la salud física y mental de la persona en su trabajo. No es solo equivalente a la prevención de riesgos laborales, sino que también la gestión de la salud en el trabajo, la ergonomía, la vigilancia de la salud y otras actividades relacionadas con el bienestar de la plantilla.

Ejemplo: una empresa implementa un programa de bienestar que incluye sesiones de fisioterapia para reducir el estrés muscular, charlas sobre salud mental y la promoción de hábitos de vida saludables entre sus empleados. Además, se aseguran de que todos los empleados tengan acceso a un entorno de trabajo ergonómico, con sillas ajustables y pantallas antirreflectantes.

§ **Servicio Público de Empleo Estatal (SEPE):** organismo autónomo adscrito al Ministerio de Trabajo y Economía Social que tiene como fin contribuir al desarrollo de la política de empleo, gestionar el sistema de protección por desempleo y garantizar la información sobre el mercado de trabajo de para conseguir la inserción y permanencia en el mercado laboral de la ciudadanía y la mejora del capital humano de las empresas. Junto a los Servicios Públicos de Empleo de las Comunidades Autónomas, forman el Sistema Nacional de Empleo.

> *Ejemplo: si quieres apuntarte al paro deberás acudir a la oficina del SEPE.*

§ **Servicios esenciales:** actividades de las que derivan prestaciones necesarias para la satisfacción de derechos o bienes constitucionalmente protegidos y que funcionan como límite al ejercicio de la huelga con la finalidad de evitar que su interrupción gravemente a la población. A priori no existe ningún servicio esencial, que lo es, no por la naturaleza de la actividad, sino por el resultado que con dicha actividad se pretende, es decir, por la naturaleza de los intereses a cuya satisfacción la prestación se realiza.

> *Ejemplo: la huelga en el transporte es considerada servicio esencial o no en función de las circunstancias porque debe garantizar la libertad de movimiento.*

§ **Servicios de mantenimiento y seguridad:** funciones encomendadas al comité de huelga para garantizar la seguridad de las personas y las cosas durante el transcurso del conflicto. Se trata del mantenimiento, no del funcionamiento en los mismos términos que en ausencia de huelga.

> *Ejemplo: en una planta industrial, determinadas personas deberán dedicarse durante la huelga a mantener operativos los sistemas de refrigeración y ventilación para evitar sobrecalentamientos o fugas peligrosas.*

§ **Servicios mínimos:** conjunto de personal y recursos necesarios para mantener un funcionamiento básico durante una huelga en servicios esenciales con la finalidad de evitar un impacto desproporcionado en la sociedad. Deben ser razonables y proporcionados, de modo que no afecten el derecho de huelga ni limiten su impacto.

> *Ejemplo: durante la huelga en sanidad, a la que se ha considerado servicio esencial, se establecen las urgencias como servicios mínimos, de forma que quienes trabajen en esa área durante la convocatoria de la huelga no podrán secundarla.*

§ Sindicato: organización permanente de tipo asociativo y de carácter autónomo, constituida por personas trabajadoras asalariadas, para la representación y defensa de sus intereses generales y colectivos frente a los empleadores y sus organizaciones, así como ante cualquier entidad pública o privada.

> *Ejemplos: UGT (Unión General de Trabajadores), CCOO (Confederación Sindical de Comisiones Obreras), etc.*

§ Trabajo: concepto amplio que se refiere a cualquier actividad física o mental inherente al ser humano, remunerada o no, formal o informal, realizada para producir bienes, servicios o resultados en una economía o que satisfacen las necesidades de una comunidad o proveen los medios de sustento necesarios para los individuos. Otras formas de trabajo son el trabajo de producción por cuenta propia, el trabajo voluntario y el trabajo en prácticas no remunerado. *Pista: el trabajo se hace.*

> *Ejemplo: una persona cocina todos los días para su familia en casa, dedica varias horas a la preparación de las comidas, seleccionando ingredientes, comprándolos, cocinando y limpiando después. No recibe una remuneración por ello ni está bajo un contrato formal, pero es trabajo.*

§ Trabajo decente: concepto promovido por la Organización Internacional del Trabajo (OIT) que busca expresar lo que debería ser, en el mundo globalizado, un buen trabajo o un empleo digno. Es decir, productivo, que proporcione unos ingresos dignos, seguridad en el lugar de trabajo, protección social, desarrollo personal e integración social.

> *Ejemplo: no pueden considerarse trabajo decente las prácticas no remuneradas, por tratarse de una prestación de trabajo que no goza de las condiciones laborales justas.*

50 CONCEPTOS DE DERECHO PENAL Y CRIMINOLOGÍA

Profa. Dra. Alicia Rodríguez Sánchez

Área de Derecho Penal
Universidad de Salamanca

I. Aproximación y conceptualización del Derecho Penal y la Criminología

El Derecho Penal es parte del derecho público y del ordenamiento jurídico que se encarga de la protección de los bienes jurídico-penales elementales para el individuo y la sociedad, así como de las disposiciones legales de los delitos y de la aplicación de las penas. Este derecho es público porque tiene un carácter colectivo, así cuando un sujeto comete un delito no lesiona solo el bien de la víctima, sino el interés general de la sociedad en la salvaguardia de ciertos bienes y valores.

El derecho penal, de manera general, se sustenta sobre los Principios Constituciones de Legalidad, Lesividad, Irretroactividad de la ley, Proporcionalidad, Resocialización e Intervención Mínima. Es el único derecho que, de aplicación por los Tribunales puede, mediante sentencia, restringir el derecho a la libertad ambulatoria, teniendo potestad así mismo, para coartar a los individuos de otros derechos menos lesivos como el derecho al porte de armas, a la conducción de vehículos a motor, a residir en determinados lugares, etcétera. Debido a su especial gravedad limitadora de Derechos Fundamentales se regula a través de una Ley Orgánica. La normativa actual está en vigencia desde 1995 pero con innumerables reformas que dificulta en ocasiones su aplicación y conocimiento, empero, los avances sociales, económicos y tecnológicos obligan y justifican estos continuos cambios.

El derecho penal, pese a ser conocido como un mecanismo de control social formal, es un derecho de *ultima ratio* como consecuencia de su especial gravedad y tendencia de aplicación en exclusividad para las situaciones de vulneraciones más graves a los bienes jurídicos esenciales para las que no exista otra modalidad de protección al individuo o a la sociedad. Aparte de esta función de control social formal y prevención, también cumple otras funciones como la retributiva.

La aplicación de este derecho se circunscribe únicamente a las acciones u omisiones tipificadas de manera previa en la ley siempre que sean dolosas o imprudentes bajo la aplicación del esquema de la Teoría Jurídica del Delito de conductas típicas, antijurídicas, culpables y punibles. Además de hacerse cargo de los delitos y de las penas en los casos de culpabilidad, también es el encargado de la aplicación de las medidas de seguridad en los casos de sujetos peligrosos criminalmente que han realizado conductas lesivas.

Además de que se establecen claras y necesarias relaciones entre el derecho penal y otras ramas jurídicas, como el derecho procesal, el derecho administrativo sancionador o incluso con el derecho civil, también lo hace con otras ciencias sociales como la criminología.

La Criminología es una ciencia interdisciplinar, una disciplina científica que se encarga del estudio del comportamiento criminal, los elementos que conforman un hecho delictivo (acción, víctima y agresor), el control social, la prevención y la reacción frente a él. Los primeros apuntes criminológicos constan de 1876 bajo la autoría de Lombroso, aunque entre sus primeros autores están también R. Garofalo y E. Ferri. Mientras que el derecho penal se centra en las leyes que castigan los comportamientos que generan vulneraciones, la Criminología, con una perspectiva más social, estudia de manera científica el crimen y la delincuencia instaurando y fundamentando mecanismos preventivos para evitar la aplicación penal y nutrir con ello a nuevas Políticas Criminales adecuadas a las necesidades sociales del siglo XXI.

Ambas disciplinas son complementarias entre sí y no se puede comprender ninguna de las dos sin la otra, máxime si tenemos en cuenta que el derecho penal también se presenta con una función preventiva entre sus fines.

II. Legislación básica de referencia

- Ley Orgánica 10/1995, de 23 de noviembre, del Código Penal (BOE-A-1995-25444)
- Ley Orgánica 5/2000, de 12 de enero, reguladora de la responsabilidad penal de los menores (BOE-A-2000-641)

- Real Decreto de 14 de septiembre de 1882 por el que se aprueba la Ley de Enjuiciamiento Criminal (BOE-A-1882-6036)

- Real Decreto 190/1996, de 9 de febrero, por el que se aprueba el Reglamento Penitenciario (BOE-A-1996-3307)

- Ley Orgánica 14/2015, de 14 de octubre, del Código Penal Militar (BOE-A-2015-11070)

III. Definición de conceptos básicos

§ *Actio libera in causa*: en derecho penal, una construcción que admite como causa de inimputabilidad, por entender que no existe conducta, una acción dolosa o imprudente de un sujeto si se realizó bajo sueño, desmayo, inconsciencia, embriaguez letárgica... y esta no fue generada por el sujeto con el fin delictivo.

> *Ejemplo: Pablo bajo una condición de sonambulismo pleno entró en casa del vecino por la ventana y rompió una lampara del siglo XV. Aunque su conducta es típica, se entiende que hay ausencia de esta por encontrarse en un estado letárgico pleno.*

§ **Agravantes:** reconocidas en el artículo 22 del Código Penal como *numerus clausus* (lista limitada y no ampliable de agravantes) y de aplicación general. Son circunstancias modificativas de la responsabilidad penal que se traducen en un aumento de las penas a un sujeto concreto en atención a su peligrosidad o antijuricidad superior de su conducta. Hay delitos con agravantes específicas y expresamente tipificadas que agravan el tipo básico concreto.

> *Ejemplo: ser reincidente, cometer el delito mediante abuso de superioridad, ejecutar el hecho mediante precio, promesa...*

§ **Alevosía**: agravante que consiste en el empleo de medios, modos o formas que tienden a asegurar la comisión delictiva sin riesgo para el autor por privar de la capacidad de defensa al agredido. Existen diferentes clases de alevosía: de desvalimiento, proditoria o de traición y súbita o sorpresiva.

> *Ejemplo: aprovechar la confianza con la víctima para poder realizar la acción.*

§ Amenaza: conducta consistente en el aviso o anuncio de un mal consciente, determinado y posible que se puede realizar por escrito, oralmente o mediante actos, con entidad suficiente, para generar en el otro miedo, inquietud o temor. Es un tipo penal recogido entre los artículos 169 y 171 del Código Penal.

> *Ejemplo: Luis Manuel, con tono certero, indica a Jesús que de no entregarle el dinero le romperá las costillas la próxima vez que le vea.*

§ Antijuricidad: es el antónimo a derecho, es el desvalor que posee un hecho típico contrario al ordenamiento jurídico (conducta contra un derecho o bien jurídico y que está jurídicamente desvalorada y prohibida). Consiste en el incumplimiento de lo establecido en una norma jurídica y que, además, no es tolerado por ninguna otra, como podría ser una causa de justificación. Es uno de los elementos de la teoría del delito. Se denomina antijuridicidad formal cuando la conducta es contraria al ordenamiento jurídico y material cuando, además, es dañosa para un bien jurídico.

> *Ejemplo: matar a alguien es contrario a la norma, no obstante, puede estar tolerado si se actúa en legítima defensa.*

§ Atenuantes: reconocidas en el artículo 21 del Código Penal, se presentan como una lista abierta y de aplicación general. Son circunstancias que se traducen en una disminución de la gravedad de la pena a imponer a un sujeto.

> *Ejemplo: reparar el daño, dilación extraordinaria del procedimiento, arrebato...*

§ Autor: también sujeto activo del delito. Persona física que comete un acto típico y antijurídico. En derecho penal, además de existir el autor o autores en un delito existen otros grados de participación como inductor, cooperador necesario, encubridor, así como los cómplices. Consultar en especial los artículos 27, 28 y 29 del Código Penal.

> *Ejemplo: Pepe allana una morada en la noche del 22 de septiembre inducido por Juan para así lograr sustraer un jarrón de gran valor. Pepe será autor de un delito de allanamiento de morada y Juan autor como inductor de Pepe.*

§ Bien jurídico: interés creado y protegido jurídicamente que puede consistir en objetos, relaciones, intereses, etcétera; que son social y personalmente valiosos y dignos de protección jurídica y que cuando se protegen de lesiones, ataques o puestas en peligro (concreto o abstracto) mediante el derecho penal son bienes jurídico-penales. Es importante distinguirlos de los Derechos Fundamentales reconocidos constitucionalmente. Los bienes jurídicos pueden ser individuales (hurto) o compuestos/pluriofensivos (robo con intimidación).

Ejemplo: la vida, la salud pública, el medio ambiente, la integridad física, la indemnidad sexual, el honor, etcétera.

§ Caso fortuito: acción que no se desarrolla bajo dolo o imprudencia y que es accidental, es decir, ajena a la voluntad de las partes. Como consecuencia de lo anterior falta la parte subjetiva del tipo. Una característica es que de haberse podido prever, el sujeto lo hubiera evitado, lo que lo diferencia de los casos de fuerza mayor en los que de haberse podido prever, aun así, no se podría haber evitado.

Ejemplo: Debido a un fallo mecánico imprevisible en el coche, Carmen atropelló a un peatón causándole lesiones físicas que precisaron de asistencia sanitaria.

§ Causa de justificación: aquellos casos en los que, pese a ser un hecho delictivo, existe una falta de antijuricidad. Son causas eximentes e impiden continuar con el análisis de las categorías dogmáticas de la teoría jurídica del delito. Referenciadas en los artículos 20.4, 20.5 y 20.7 del Código Penal.

Ejemplo: la legitima defensa, el cumplimiento de un deber.

§ Ciber: prefijo extendido a multitud de conductas para las que las nuevas tecnologías de la información y la comunicación e internet son medio idóneo y necesario para su realización y consumación.

Ejemplos: ciberacoso, ciberstalking, ciberbulling…

§ Coacción: conducta que consiste en el uso de la fuerza para imponer a un tercero la ejecución de una acción o impedir que realice actividades que sí están permitidas por la ley.

Ejemplo: Luis utilizando la violencia coarta la libertad de Lucia prohibiéndole disponer del dinero de la cuenta bancaria común.

§ **Compliance:** procedimientos y buenas prácticas que deben ser adoptadas por las empresas para identificar, detectar y prevenir los riesgos legales que existen o se pueden producir en el desarrollo de su actividad. Estos mecanismos se generan a efectos internos. Nacen desde que las empresas son sujetos responsables penalmente.

§ **Concurso**: se trata de una fundamentación jurídica que consiste en que cuando una persona realiza una pluralidad de hechos que son constitutivos de delito como consecuencia de una única o de varias acciones u omisiones se aplican unas reglas especiales de cálculo y acumulación de penas. Existe: el concurso real (una pluralidad de acciones que lesiona una pluralidad de bienes jurídicos, constituyen infracciones independientes), el concurso medial (un delito es el medio necesario para la comisión de otro), el concurso ideal (una acción supone la comisión de dos o más delitos) y las reglas especiales para los delitos continuados (acciones u omisiones que se mantienen en el tiempo y vulneran una misma norma jurídica con la finalidad de un mismo resultado).

> *Ejemplo: Lucas atropelló a Jesús y le causó unas lesiones tras saltarse un control de alcoholemia. En este caso se produce un concurso entre las lesiones y el delito de desobediencia a la autoridad.*

§ **Conducta:** también acción. En derecho penal, acto que da inicio al comportamiento delictivo y que es realizado por una persona con voluntad de hacerlo o asumiendo los riesgos que de ella se pueden derivar. Las conductas penales pueden ser de acción (hacer la conducta prohibida) o de omisión (no hacer, aunque existe un deber de actuar); en un acto o en pluralidad de actos; de resultado o de mera actividad (no se separa el resultado de la acción).

> *Ejemplo: una acción/conducta es causar unas lesiones con un arma a una persona. El allanamiento de morada es una conducta de mera actividad ya que el resultado se produce con la misma acción.*

§ **Consumación:** es el fin del hecho criminal como resultado previsto para ese delito de modo que es consecuencia de que el sujeto activo ha realizado todos los actos de ejecución necesarios para el resultado.

> *Ejemplo: Carlos quería y buscaba desde hace tiempo matar a Lucas. Hoy preparó una salida al campo y con una escopeta disparó a Lucas en el pecho causándole la muerte.*

§ Control social: mecanismos con los que cuentan las sociedades para evitar los delitos, por ello el control social también forma parte, en interacción con otros, de elementos que definen el delito. Existen instancias de control social informal como la familia, la escuela, los amigos, la religión, los medios de comunicación, etcétera e instancias de control social formal como lo son las leyes, los poderes públicos, instituciones, etcétera.

§ Culpabilidad: reproche personal por un acto o una omisión típica y antijurídica para la que se han tenido en cuenta las condiciones personales del autor y que culmina en la exigencia de responsabilidad e individualización de la pena, pudiendo no poder determinarse en ciertos sujetos.

§ Delincuente: para la criminología, figura de creación social bajo la emisión de las leyes que prohíben determinadas conductas lo que establece relación con las estructuras sociales y política criminal. En derecho penal es sinónimo de autor de la acción u omisión recogida en la ley. También identificado como sujeto activo, participe o criminal.

§ Delito: una acción u omisión voluntaria o imprudente que está castigada por ley. Criminológicamente, se debe valorar de manera conjunta al hecho, el autor, la víctima y el control social. Desde la criminología se asume como un fenómeno social dado que las normas y los Códigos son dispares y cambian no solo en los países, sino también a lo largo de la historia.

> *Ejemplo: un homicidio, un robo con fuerza, una agresión sexual...*

§ Delito de peligro: son delitos bajo conductas de riesgo. El sujeto realiza una conducta, pero sin llegar a consumarla, el hecho por sí mismo, la producción de un riesgo o un peligro para un bien jurídico se considera delito. Existen dos tipos de peligro: abstracto (la conducta es peligrosa en general para un bien jurídico) o concreto (un bien jurídico concreto estuvo próximo a lesionarse).

> *Ejemplo: prohibición de conducción bajo los efectos del alcohol.*

§ Derecho penal del menor: disciplina del derecho penal que se centra en el estudio, prevención y castigo de las conductas llevadas a cabo por los menores de edad que trasgreden la normativa penal de los menores de catorce a dieciocho años y recoge, así mismo, las medidas y tratamientos a los que pueden ser sometidos.

Ejemplo: Derecho aplicable a Mario, de 17 años y que ha cometido un robo en vivienda habitada.

§ **Derecho penitenciario**: rama del derecho penal encargaba de la ejecución de las penas y de las medidas de seguridad, así como del funcionamiento de las instituciones penitenciarias, de la supervisión de los derechos de los presos y de los grupos vulnerables, de la reinserción social y de la reeducación.

Ejemplo: encargado de la ejecución de una sentencia condenatoria a pena privativa de libertad.

§ **Desorganización social**: criminológicamente, fracaso de los organismos e instituciones y que se refiere a la ruptura del equilibrio social abarcando fenómenos sociales, culturales de normas y de valores haciéndolos incompatibles o contradictorios.

§ **Dolo**: consiste en el conocimiento y voluntad de realizar u omitir una acción con el conocimiento de que con ella se infringe una ley. El requisito del dolo (o la imprudencia) es ineludible para poder responsabilizar de un hecho a un sujeto e imponer una pena siempre que no existan causas absolutorias. Existen tres clases de dolo: de primer grado o directo; directo de segundo grado y eventual.

Ejemplo: Carmen va a una joyería y coge un anillo, se lo mete en el abrigo y se va sin pagarlo. Esto es un delito doloso porque cuando cogió el anillo sabía que se iba a ir sin pagarlo de manera consciente.

§ **Error de prohibición**: hecho comisivo que se realiza sin saber que realmente se estaba cometiendo una infracción penal. El error de prohibición puede ser vencible (se castiga con la pena inferior en uno o dos grados) o invencible (excluye la responsabilidad).

Ejemplo: Sujeto que recién llegado a España por primera vez, practica una ablación genital a su hija considerando que está permitida como en su país.

§ Error de tipo: hecho comisivo bajo el desconocimiento de alguno de los elementos que constituyen el tipo objetivo. El error de tipo puede ser vencible (se castiga como imprudente en su caso) o invencible (excluye la responsabilidad).

Ejemplo: Luisa mata a Jesús, que es su hermano, pero no tenía conocimiento de ello. No se le puede aplicar la agravante de parentesco.

§ Eximentes: reconocidas en los artículos 19 y 20 del Código Penal y de aplicación general. Son circunstancias que excluyen la responsabilidad penal por falta de acción, por exclusión de la antijuricidad o justificación, por exclusión de la culpabilidad o por falta de punibilidad.

Ejemplo: el que, al tiempo de cometer la infracción penal, a causa de cualquier anomalía o alteración psíquica, no pueda comprender la ilicitud del hecho o actuar conforme a esa comprensión.

§ Imprudencia: falta del deber mínimo objetivo de cuidado de un hombre medio, que produce como resultado un daño a un bien jurídico que está protegido por la ley. Solo se castiga la imprudencia si está recogida de manera explícita en la ley. El autor no busca ni pretende lesionar el bien jurídico pero su descuido lo lesiona.

Ejemplo: provocar un incendio por dejar una colilla encendida en el suelo.

§ Imputación objetiva: teoría penal que consiste en la atribución de una acción a un resultado cuando ha creado un peligro no permitido o desaprobado, siendo el resultado consecuencia lógica del riesgo creado.

§ *Iter criminis*: proceso, camino o ejecución del delito. Proceso a través del cual se desarrolla el delito, dividido comúnmente en la ideación y deliberación interna del sujeto; los actos preparatorios y los actos ejecutivos hasta llegar a un grado de consumación, de frustración o de tentativa. La distinción de la fase interna y externa es determinante para la aplicación de las penas.

Ejemplo: el concierto de voluntades entre dos personas para llevar a cabo un acto contrario a la ley forma parte del proceso delictual.

§ Medida de seguridad: sanción penal que se impone a los sujetos que se declaran peligrosos criminales, pero no culpables. Se aplica siempre después de la comisión de un delito con pronóstico de comisión futura y con el fin de reinserción y reeducación. No se trata de una pena. Las medidas de seguridad pueden privar de la libertad o de otros derechos y nunca pueden ser de mayor gravedad o duración que la pena aplicable en su caso, ni exceder el máximo necesario para prevenir la peligrosidad. Recogidas en el artículo 95 y siguientes del Código Penal.

> *Ejemplo: Juan, que sufre una anomalía mental de las reconocidas en el artículo 20.1 CP, atenta contra la vida de Lucia. Juan, determinado peligroso criminalmente, en vez de una pena, se le impone una medida de seguridad privativa de libertad consistente en el internamiento en un centro psiquiátrico (art. 96 CP).*

§ Miedo insuperable: eximente del derecho penal que define las conductas en las que un sujeto actúa delinquiendo, pero sin libertad en su voluntad como consecuencia de un estado emocional creado por una situación externa o de un tercero y que genera un intenso temor, daño o angustia.

> *Ejemplo: Marta es testigo de un crimen y recibe amenazas de los perpetradores para que no hable con la policía. Las amenazas incluyen la posibilidad de dañar a su familia si revela información sobre el delito. Aterrorizada por el miedo insuperable, Marta decide proporcionar un testimonio falso a las autoridades.*

§ Omisión: conducta que consiste en *no hacer* o abstenerse de un deber jurídico y que constituye un acto delictivo. Existe una modalidad omisiva pura o propia (permanecer inactivo, la «mera inactividad», sirva de ejemplo: omisión del deber de socorro) e impropia o en comisión por omisión (omisión con resultado, no impedir el resultado bajo una posición de garante, solo para los sujetos tienen capacidad de acción, sirve de ejemplo: mejorar morir por inanición a un hijo menor).

> *Ejemplo: María atropelló a Juan cuando cruzaba un paso de cebra y, en vez de detenerse y socorrer a Juan, continuó su marcha.*

§ Participación: cooperación o colaboración de una persona en un delito ajeno de manera dolosa, con hechos anteriores o simultáneos y que favorecen el delito.

§ **Peligrosidad criminal**: probabilidad de que un sujeto (con características concretas) pueda llegar a cometer un acto delictivo tras la comisión previa de uno. Se trata de una valoración post-delictual. No son de aplicación las penas, sino las medidas de seguridad que se basan en dicha probabilidad. Se ampara en las circunstancias de los artículos 20.1, 20.2, 20.3 del Código Penal.

§ **Pena**: consecuencia jurídica que consiste en la privación o restricción de derechos a través de una sentencia al sujeto culpable como consecuencia de comisión de un delito. Las penas son privativas de libertad, de otros derechos o multa.

> *Ejemplo: pena de prisión, pena de inhabilitación absoluta, pena de multa, prohibición de conducir vehículos de motor...*

§ **Perfil criminológico**: disciplina forense que consiste en el análisis de las huellas del comportamiento en las escenas del crimen con el fin de obtener información útil para identificar al delincuente. Se analizan igualmente las características físicas, demográficas, económicas, la psicología del delincuente, entre otras.

§ **Persona jurídica**: institución, organización o empresa que tiene un fin social con o sin ánimo de lucro y que tiene derechos y obligaciones como institución para el cumplimiento de sus fines.

> *Ejemplo: ONG, fundación, asociación, etc.*

§ **Prevención**: anticipación a la conducta criminal desplegando los medios necesarios para evitarla o al menos contenerla, reduciendo al máximo sus efectos.

> *Ejemplo: las campañas publicitarias señalando las consecuencias que tiene el consumo de alcohol y drogas sobre la conducción.*

§ **Principio de efectividad**: principio rector que garantiza la efectiva y correcta aplicación de las leyes, así como el cumplimiento de los derechos fundamentales frente a todos los sujetos, adecuándose a las necesidades y las garantías del Estado Democrático de Derecho.

§ **Punibilidad**: elemento definitorio de la teoría jurídica que determina el merecimiento de una pena por la comisión delictiva. Posibilidad de castigar que va a tener relación, en cada caso, con la imputabilidad.

§ **Quebrantamiento de condena**: modalidad delictiva contra la propia Administración de Justicia que se comete por un sujeto condenado que incumple o elude la pena, la medida cautelar, la condena o la medida de seguridad.

> *Ejemplo: María tras un permiso penitenciario no vuelve al Centro Penitenciario con la intención de no seguir cumpliendo la condena.*

§ **Reincidencia:** circunstancia que se produce cuando un sujeto comete un delito y ya está condenado por sentencia firme por la comisión de un delito contenido en el mismo título del Código Penal sin haber trascurrido el tiempo necesario para que se cancelen sus antecedentes. Es una circunstancia que actúa como agravante en el nuevo delito.

> *Ejemplo: Juan cometió un robo en el año 2023 por el que fue juzgado y cumplió condena, pero en 2024 ha vuelto a cometer un delito de robo por el que está siendo juzgado.*

§ **Reinserción:** principio constitucionalmente protegido. Es el fin de las penas y las medidas de seguridad que supone que el condenado por un delito adopte condiciones y modos de vida que le permitan vivir en sociedad sin quebrantar la ley.

> *Ejemplo: María, que cometió un delito económico y por el que fue condenada a pena de prisión, participa en prisión en el programa de intervención en delincuentes económicos con el fin de trabajar sobre los valores y la responsabilidad de iniciar acciones para reparar el daño, reconstruir la identidad… Este programa facilitará su vuelta a la vida en sociedad y evitará que no lleve a cabo estas conductas.*

§ **Tentativa**: forma imperfecta de ejecución de un delito por llevarse a cabo todos o parte de los actos objetivamente necesarios para su consumación, pero sin obtener el resultado por causas ajenas al autor. La tentativa puede ser: inacabada (parte de los actos) o acabada (todos los actos objetivos para producir el resultado). Así mismo, la tentativa puede ser: idónea (cuando el sujeto considera que está cometiendo un delito, pero los hechos no son ilegales) o inidónea (cuando se emplea un medio que no es útil para el fin perseguido).

Ejemplo: Juan Luis dispara a Carlos en el pecho con la intención de matarlo, pero sin conseguir el resultado deseado, solo lesiona su integridad física.

§ **Tipicidad:** principio jurídico que otorga la posibilidad de imponer penas a conductas definidas en la ley de manera previa. Es el encaje de una conducta humana en un tipo penal definido en la ley.

Ejemplo: Cualquier conducta que se lleva a cabo y se ajusta a lo contenido en el tipo penal que describe la ley.

§ **Víctima**: sujeto que ha sufrido los daños y las consecuencias de un acto u omisión contrario a la ley penal. Estos daños pueden ser no solo físicos, sino psicológicos, emocionales...También conocido como sujeto pasivo del delito y titular del bien jurídico afectado.

Ejemplo: Cristina fue agredida sexualmente el pasado lunes, de manera que Cristina es la víctima o sujeto pasivo del delito de agresión sexual.

§ **Victimología:** disciplina científica que analiza la esfera propia de la víctima y pone el foco en la perspectiva de esta. Para ello, analiza situaciones criminógenas, el entorno, las fases de la victimización, los factores y las consecuencias.

§ **Violencia**: fuerza intencional de una persona a otra o abuso de poder para dominar a alguien o imponer algo atentando contra la libre voluntad (física, psicológica, sexual, patrimonial, simbólica...). Constituye el medio comisivo de algunos delitos, como en el de robo.

Ejemplo: patadas, empujones, insultos, amenazas que pueden derivar en lesiones o en muerte.

50 CONCEPTOS DE DERECHO PROCESAL

Profa. Dra. Irene González Pulido

Área de Derecho Procesal
Universidad de Salamanca

Prof. Dr. Walter Reifarth Muñoz

Área de Derecho Procesal
Universidad de Salamanca

I. Aproximación y conceptualización del Derecho Procesal

El objetivo fundamental de cualquier ordenamiento jurídico es la resolución de conflictos, no solo una vez que han surgido, sino procurando además evitar su aparición. En este contexto, se distingue lo que comúnmente se conoce como Derecho material y, por otra parte, el Derecho procesal. En situaciones donde el Derecho material es insuficiente, ya sea porque no se hayan previsto todas las circunstancias posibles, o bien porque tales previsiones no se cumplen, surge nuevamente el conflicto, siendo necesario institucionalizar un sistema para restaurar la convivencia pacífica en sociedad.

Así, las normas jurídicas permiten o exigen la intervención de los órganos jurisdiccionales para determinar el Derecho aplicable y ordenar su cumplimiento mediante una sentencia, cuyo acatamiento puede imponerse forzosamente. Esta aplicación jurisdiccional del Derecho en casos concretos la realizan los jueces y magistrados a través del proceso. Esta es la esencia de la función jurisdiccional («juzgar y hacer ejecutar lo juzgado», según el art. 117.3 CE).

Con base en estas consideraciones, se puede afirmar que el Derecho procesal, en su noción esencial, estudia la actividad jurisdiccional del Estado, invocada a través de la acción, la cual se desarrolla mediante el instrumento que es el proceso. El Derecho procesal, por tanto, se entiende como la ciencia jurídica que estudia la jurisdicción, la acción y el proceso. El Derecho procesal regula la aplicación jurisdiccional del Derecho, disciplinando el modo en que se produce, desarrolla y concluye el ejercicio de la función jurisdiccional.

II. Legislación básica de referencia

Como principales leyes de referencia son destacables, sin ánimo de exhaustividad:

- Constitución española.
- Ley Orgánica 6/1985, de 1 de julio, del Poder Judicial.
- Ley 38/1988, de 28 de diciembre, de Demarcación y de Planta Judicial.
- Ley 1/2000, de 7 de enero, de Enjuiciamiento Civil.
- Real Decreto de 14 de septiembre de 1882 por el que se aprueba la Ley de Enjuiciamiento Criminal.
- Ley Orgánica 5/2000, de 12 de enero, reguladora de la responsabilidad penal de los menores.

III. Definición de conceptos básicos

§ **Abogado/a**: persona graduada o licenciada en Derecho e incorporada a un Colegio de Abogados que ejerce profesionalmente la dirección y defensa de las partes en toda clase de procesos, o el asesoramiento y consejo jurídico.

> *Ejemplo: El art. 432 LEC se refiere a la obligación de las partes de comparecer en el propio acto del juicio ordinario asistidas de abogado/a.*

§ **Abstención y recusación:** procedimientos que se utilizan para salvaguardar la imparcialidad judicial, derecho reconocido en la CE. Cuando concurran las causas previstas en el art. 219 de la LOPJ el juez o magistrado se abstendrá del conocimiento de un caso sin esperar a la recusación, renunciando a su intervención en la causa. Si no se abstienen, las partes podrán recusar a estas autoridades por dichas causas.

> *Ejemplo: el juez fue recusado por la amistad íntima que tenía con el investigado desde hace cinco años.*

§ **Acción**: derecho público subjetivo, de carácter constitucional, que permite impetrar la actuación de la potestad jurisdiccional por los órganos competentes.

> *Ejemplo: el derecho de acción se identifica con el derecho a la tutela judicial efectiva, que incluye, entre otros, el derecho de acceso a los tribunales, a obtener una resolución congruente y fundada en Derecho, al recurso legalmente previsto, a la efectividad de las resoluciones judiciales y a la tutela cautelar.*

§ **Acción civil:** acción que nace, junto con la acción penal, tras la comisión de cualquier hecho delictivo con el objetivo de que se determine la forma de resarcir o reparar el perjuicio o daño ocasionado. Se puede ejercitar en el marco de un proceso penal, de un modo conjunto a la acción penal, lo cual se configura como la regla general. Pero está sujeta a renuncia o reserva, sin perjuicio de su posible revocación.

> *Ejemplo: el fiscal debe ejercitar la acción civil, junto a la penal, en el mismo procedimiento penal incoado por la comisión de un homicidio doloso, debido a que la acusación particular no ha renunciado ni reservado su ejercicio.*

§ **Acción penal:** acción que nace de la comisión de delitos con el objetivo de que se incoe un proceso, que se practique la investigación y el enjuiciamiento pertinente. La acción penal es pública, se puede ejercitar por todos los ciudadanos españoles a excepción de las previsiones legales recogidas en la LECrim.

> *Ejemplo: la víctima de un delito de trata de seres humanos se persona en el proceso penal como acusación particular y ejercita la acción penal junto a la acción civil en el mismo proceso.*

§ Actor civil: persona física o jurídica, que puede ser, o no, la ofendida o perjudicada por el hecho delictivo, que ejercita exclusivamente la acción civil.

Ejemplo: el servicio de salud se persona como actor civil en un delito de agresión sexual cometido en su territorio.

§ Acusador particular: persona que ha sido ofendida o perjudicada por el delito, por ejemplo, en calidad de víctima directa o indirecta. Esta/s persona/s ejercitan la acción penal en los procesos incoados por delitos públicos o semipúblicos. Podrán ser personas físicas, jurídicas, asociaciones de víctimas, grupos o asociaciones, entre otros.

Ejemplo: una víctima de agresión sexual se persona en un proceso penal como acusación particular.

§ Acusador popular: persona física o jurídica que puede ejercitar la acción penal, aunque no ha sido ofendida por el delito. La LECrim prevé la posibilidad de que todos los ciudadanos españoles puedan querellarse.

Ejemplo: una asociación defensora de los derechos de las mujeres se persona en un proceso penal por violencia de género como acusador popular.

§ Acusador privado: persona que ejercita la acción penal en los procesos incoados por motivo de la comisión de delitos privados. Necesariamente deberá presentarse querella por parte del ofendido.

Ejemplo: la víctima de unas injurias, por parte de un compañero, interpuso querella para personarse como acusador privado en el proceso penal.

§ Apelación (recurso de): recurso que resuelve el órgano jurisdiccional superior jerárquicamente, aunque se interpone ante el que dictó la resolución que es objeto de recurso. Se puede interponer contra resoluciones interlocutorias y contra sentencias.

Ejemplo: Se interpone recurso de apelación contra la sentencia dictada por el Juzgado de lo Penal n.º 1 de Salamanca, que resolverá la Audiencia Provincial de Salamanca.

§ Atestado policial: documento que extienden los funcionarios de policía, en el que se recogen las diligencias que han realizado, así como un análisis detallado de los hechos averiguados, las declaraciones practicadas y los informes recibidos. El valor procesal del atestado es de denuncia y, de igual modo, puede convertirse en prueba preconstituida ante hechos irrepetibles.

Ejemplo: El atestado recoge los hechos averiguados en el marco de la investigación policial de un caso de trata de seres humanos.

§ Audiencia (principio de): principio que supone que nadie pueda ser condenado sin ser oído y vencido en pleito.

Ejemplo: la enfermedad del acusado es una causa de suspensión del juicio oral (art. 746.5 LECrim).

§ Auto: resolución judicial fundada, estructurada con la debida separación de hechos, razonamientos jurídicos y parte dispositiva, que decide sobre las cuestiones incidentales, los recursos interpuestos contra providencias o decretos, los presupuestos procesales o la nulidad del procedimiento.

Ejemplo: auto de apertura del juicio oral.

§ Casación (recurso de): proceso penal. Recurso que resuelve la sala segunda, de lo penal, del Tribunal Supremo contra sentencias y autos que se prevén en la LECrim. Destacan los recursos interpuestos contra las sentencias dictadas por la Sala de lo Civil y Penal de los Tribunales Superiores de Justicia, por la Sala Penal o de Apelación de la Audiencia Nacional y por las Audiencias Provinciales.

Ejemplo: se interpone recurso de casación contra una sentencia dictada por la Sala de lo Civil y Penal del Tribunal Superior de Justicia de Castilla y León, que resolverá la sala segunda, de lo penal, del Tribunal Supremo.

§ Competencia: ámbito concreto sobre el que se ejerce la función jurisdiccional, es decir, cualidad que permite que un concreto órgano jurisdiccional pueda conocer de un determinado asunto, con exclusión de todos los demás órganos del mismo orden jurisdiccional.

Ejemplo: el Juez de Menores de Salamanca es el órgano competente para el enjuiciamiento de un menor de 15 años que ha cometido un delito en dicha ciudad.

§ **Conformidad**: declaración de voluntad del acusado mediante la cual se muestra conforme con lo contenido en el escrito de acusación y la pena solicitada.

> *Ejemplo: el art. 787 LECrim permite que el Juez dicte sentencia de conformidad cuando entienda que la calificación libremente aceptada por la persona acusada es correcta y que la pena es procedente conforme a dicha calificación.*

§ **Contradicción (principio de):** principio que supone la existencia de dos posiciones enfrentadas, la del actor que interpone su pretensión y la del demandado o acusado oponiéndose a la misma.

> *Ejemplo: en el proceso penal español, la Ley de Enjuiciamiento Criminal dispone la suspensión del juicio oral ante la incomparecencia involuntaria del acusado por un delito grave.*

§ **Decomiso**: pena o medida judicial resultante de una infracción penal que consiste en la privación permanente de los efectos o instrumentos relacionados con el delito.

> *Ejemplo: el art. 301.5 CP señala que los bienes obtenidos del culpable de un delito de receptación serán decomisados.*

§ **Demanda**: acto procesal escrito iniciador del proceso por el cual una parte, denominada demandante, ejerce el derecho de acción ante un órgano jurisdiccional para obtener una satisfacción procesal.

> *Ejemplo: El art. 399 LEC indica que el juicio principiará por demanda, que contendrá la petición del actor dirigida a un órgano jurisdiccional para que este pueda iniciar el proceso.*

§ **Denuncia**: declaración de conocimiento a través de la que cualquier ciudadano/a transmite a las autoridades judiciales, fiscales o policiales información sobre la comisión de un hecho delictivo que haya experimentado, presenciado o del que haya tenido noticia. Con carácter general, la denuncia se presenta como un deber, sin perjuicio de las excepciones previstas en los artículos 260 y ss. de la LECrim.

> *Ejemplo: denuncia interpuesta por un ciudadano ante la policía debido a que ha presenciado un delito de robo con violencia en vía pública.*

§ Detención: es una privación provisional de libertad de circulación de una persona tanto por la comisión o intento de comisión de un hecho delictivo, o bien debido a que se encuentre fugada o en rebeldía. Se prevé como una facultad para cualquier persona y como una obligación para las autoridades policiales. Siempre en atención y cumplimiento de los presupuestos y plazos legales.

> *Ejemplo: un ciudadano cualquiera detiene a una persona en vía pública debido a que lo intercepta cometiendo un delito in fraganti.*

§ Diligencias de investigación: conjunto de actos necesarios y continuados que se practicar para esclarecer todos los extremos de un hecho delictivo. Existen diligencias que suponen una gran injerencia sobre derechos fundamentales, por lo que se requerirá el cumplimiento de todos los requisitos previstos en la ley.

> *Ejemplo: se autoriza por el juez la práctica de la diligencia de entrada y registro para investigar a una organización criminal dedicada a la trata de seres humanos, entre otras actividades delictivas. Ya que existen indicios de encontrar efectos y materiales del delito.*

§ Diligencias previas: denominación que reciben en el procedimiento abreviado las actuaciones dirigidas desarrolladas ante el juez de instrucción desde la comparecencia del imputado hasta el traslado al Ministerio Fiscal y acusadores personados para que soliciten la apertura del juicio o el sobreseimiento de la causa.

> *Ejemplo: una persona comete un delito de hurto de un abrigo valorado en 500 euros. La identificación de dicha persona o la solicitud judicial de la grabación de las cámaras de seguridad se registrarán como diligencias previas.*

§ Embargo: medida cautelar real. El juez decretará, en el mismo auto que adopte la prestación de fianza, el embargo de bienes suficientes para cubrir las responsabilidades pecuniarias si no se presta fianza bastante. Se basa en la retención de bienes, efectos o valores con el objetivo de salvaguardar las citadas responsabilidades.

> *Ejemplo: el juez determina el embargo de un bien ante el impago de la fianza impuesta por el juez en un caso de corrupción.*

§ Enjuiciamiento rápido: procedimiento con determinadas especialidades para la instrucción y enjuiciamiento de delitos castigados con una pena privativa de libertad no superior a cinco años o cualesquiera otras penas de distinta naturaleza cuya duración no exceda de diez años. Además, se exigirá que el proceso se incoe en virtud de atestado policial, con detenido o sin él, siempre y cuando se den las circunstancias de ser delito flagrante o de muy reciente comisión, o bien se trate de alguno de los delitos siguientes: violencia en el ámbito de la familia, hurto, robo, robo y hurto de uso de vehículos, contra la seguridad del tráfico, daños, salud pública, contra la propiedad intelectual y delitos cuya instrucción sea sencilla.

> *Ejemplo: una persona circula a gran velocidad con un vehículo de gran cilindrada y, tras ser sorprendido por la Guardia Civil, es detenido inmediatamente y da positivo en el test de alcoholemia. El procedimiento correspondiente en este caso será el procedimiento para el enjuiciamiento rápido de delitos.*

§ **Fase intermedia**: conjunto de actuaciones que tienen lugar una vez finalizada la instrucción, dirigidas a solicitar la apertura del juicio oral formulando escrito de acusación, el sobreseimiento de la causa o la revocación del sumario para continuar la investigación.

> *Ejemplo: finalizada la instrucción por un delito de homicidio, el juez dará traslado de las diligencias practicadas al Ministerio Fiscal y a las partes acusadoras, que, si consideran que hay indicios suficientes para la apertura del juicio oral, formularán escrito de acusación.*

§ **Fianza:** medida cautelar real. El juez, mediante auto motivado, mandará que se preste fianza bastante con el objetivo de asegurar las responsabilidades pecuniarias que puedan declararse procedentes. Destaca que el requerimiento puede recaer sobre terceras personas, a diferencia de las medidas cautelares personales, conforme a la legislación vigente.

> *Ejemplo: En el marco de la investigación de un caso complejo de corrupción el juez estimó el depósito de fianza.*

§ **Fuente de prueba:** elementos que existen al margen del proceso que se van a incorporar al mismo a través de los medios de prueba y van a servir para esclarecer los hechos y realizar la valoración judicial.

> *Ejemplo: Persona que ha presenciado el hecho delictivo.*

§ *Fumus boni iuris* o **aparienca de buen derecho**: presupuesto requerido para la adopción de medidas cautelares. Significa que debe constar la existencia de uno o varios hechos delictivos que se atribuyen a la persona sobre la que va a recaer la medida. Existen algunas limitaciones, en cuanto a la pena se refiere, para la adopción de las medidas cautelares más restrictivas; por ejemplo, la prisión provisional.

> *Ejemplo: se ha verificado el cumplimiento del presupuesto fumus boni iuris ya que han comprobado la existencia de dos hechos significativos que revisten caracteres de un delito de agresión sexual a menor de 16 años.*

§ *Habeas corpus:* procedimiento que permite obtener la inmediata puesta a disposición judicial de cualquier persona detenida ilegalmente. Las medidas que se pueden adoptar son: la puesta en libertad del que haya sido privado de libertad ilegalmente, el cambio de establecimiento o bien la inmediata puesta a disposición judicial cuando se haya excedido el plazo de detención.

> *Ejemplo: el hijo de una persona privada de libertad por un plazo superior al señalado por las leyes puede instar el procedimiento de habeas corpus.*

§ **Inmediación (principio)**: principio según el cual el juzgador deberá estar presente en la práctica de las pruebas y en contacto directo con las personas intervinientes en un proceso, sin ningún elemento interpuesto.

> *Ejemplo: el interrogatorio de las partes, la declaración de los testigos y la ratificación de los peritos se realizarán, en general, en la sede del órgano judicial que esté conociendo del asunto en cuestión.*

§ **Instrucción**: fase procedimental preparatoria del juicio oral que busca la determinación de la existencia y circunstancias del delito y la personalidad de sus autores, así como el aseguramiento de las personas y de los bienes de los sospechosos.

> *Ejemplo: presentada denuncia por un presunto delito de homicidio, el Juez de Instrucción podrá adoptar diligencias de investigación tales como el registro en lugar cerrado o el levantamiento del cadáver.*

§ **Juicio oral**: fase del proceso penal dirigida a la práctica de los medios de prueba propuestos por las partes y comprendida entre el auto de apertura del juicio oral, a partir de la cual todos los actos son públicos, y la declaración formal de conclusión de la vista, previa a la sentencia.

> *Ejemplo: en un proceso por un delito de homicidio, el juicio oral es la fase donde el juez habrá de examinar a los testigos propuestos por las partes (art. 701 LECrim).*

§ **Jurisdicción**: potestad para resolver los conflictos jurídicos, con carácter irrevocable, mediante la eficaz aplicación de las normas jurídicas.

> *Ejemplo: los jueces españoles ejercitan la función jurisdiccional con base en el ordenamiento jurídico-constitucional (art. 117.3 CE).*

§ **Juzgado:** órgano jurisdiccional unipersonal que está integrado por un juez, a diferencia de los órganos colegiados integrados por más de una autoridad judicial.

> *Ejemplo: Juzgado de instrucción n.º 1 de Salamanca.*

§ **Libertad provisional:** medida cautelar personal. Formada por la imposición motivada de un conjunto de obligaciones provisionales a la persona investigada o encausada. Estas persiguen garantizar su presencia y asegurar el proceso penal; tales como la obligación de comparecer ante el juez, prohibición de acudir o residir en determinados lugares, prohibición de comunicación, prohibición de abandonar el territorio nacional, fianza, etc.

> *Ejemplo: le otorgan la libertad provisional al encausado por un homicidio, con la obligación de comparecer ante el juez tres días por semana.*

§ **Medidas cautelares**: instrumentos procesales provisionales cuya adopción persigue asegurar y garantizar la efectividad del proceso. Se adoptan cuando se cumplen los presupuestos *fumus boni iuris* y *periculum in mora*. Sus requisitos, contenido y vigencia se recogen en la LECrim. Se adoptarán por auto motivado de la autoridad judicial competente. Pueden ser personales o reales.

> *Ejemplo: el juez de instrucción que investigaba un homicidio estimó la necesidad de recurrir a la medida cautelar de prisión provisional tras verificar los requisitos de la LECrim y emitió un auto motivado para adoptarla.*

§ **Medio de prueba**: actividad a través de la que se incorporan al proceso las fuentes de prueba.

> *Ejemplo: el interrogatorio de los testigos.*

§ **Ministerio Fiscal:** órgano con personalidad jurídica, cuyos funcionarios tienen la obligación de ejercitar la acción penal, a excepción de los casos que se reservan a la querella privada, con el objetivo de promover la acción de la justicia en defensa de la legalidad y del interés público.

> *Ejemplo: el/La funcionario/a del Ministerio Fiscal ejercita la acción penal en un proceso incoado por violencia de género.*

§ **Ofrecimiento de acciones**: acto procesal mediante el cual el letrado o letrada de la Administración de Justicia instruye al ofendido o perjudicado por el delito de su derecho a mostrarse parte en el proceso y ejercitar las acciones penales y civiles que procedan.

> *Ejemplo: iniciado por denuncia un proceso penal por un delito de agresión sexual se informará a la víctima de su derecho a ejercitar la acción penal y, en su caso, la civil, constituyéndose así como parte de dicho proceso.*

§ **Oportunidad (principio de)**: principio que permite que, en los casos así previstos, los titulares de la acción penal puedan hacer uso o no de su ejercicio, incoando el procedimiento penal o provocando su finalización con independencia de que se haya acreditado la existencia de un hecho punible contra un autor determinado.

> *Ejemplo: el perdón de la persona ofendida por un delito de injurias.*

§ **Orden jurisdiccional**: cada una de las divisiones de la jurisdicción ordinaria en la organización judicial española.

> *Ejemplo: en España, la jurisdicción está organizada en cuatro órdenes jurisdiccionales (civil, penal, contencioso-administrativo y social).*

§ *Periculum in mora* **o peligro derivado de la demora del proceso**: presupuesto necesario para la adopción de medidas cautelares, basado en el posible obstáculo o bloqueo del proceso por parte del investigado/encausado. Puede estar fundado en el riesgo de fuga, en la alteración de las fuentes de prueba, en la lesión de bienes jurídicos o en la reincidencia delictiva.

> *Ejemplo: la tenencia de nacionalidad extranjera, domicilio en el extranjero y la solvencia económica fueron aspectos que determinaron la adopción de la prisión provisional, ya que el riesgo de fuga existente era elevado.*

§ **Prisión provisional:** medida cautelar personal excepcional que se adopta, con carácter general, cuando nos encontramos ante hechos sancionados con una pena de prisión máxima igual o superior a dos años o de una duración inferior cuando existen antecedentes, sin perjuicio de las excepciones. Consiste en el ingreso provisional en prisión de la persona investigada o encausada para asegurar el proceso, su duración no debe exceder el tiempo imprescindible o el máximo previsto en la ley.

> *Ejemplo: ante el riesgo elevado de que el investigado por un delito de violencia de género lesione de nuevo los bienes jurídicos de su mujer, el juez ha adoptado la prisión provisional.*

§ **Procedimiento abreviado**: procedimiento judicial para la instrucción y enjuiciamiento de delitos con una pena privativa de libertad inferior a nueve años, o pena de otra naturaleza cualquiera que fuere su duración.

> *Ejemplo: Juan comete un delito de estafa, castigado con una pena de prisión de seis meses a tres años (art. 248 CP), y la víctima presenta la correspondiente denuncia. El procedimiento correspondiente en este caso será el abreviado.*

§ **Procedimiento ordinario**: procedimiento judicial para la instrucción y enjuiciamiento de delitos con una pena privativa de libertad superior a nueve años.

> *Ejemplo: María es autora de un delito de terrorismo que ha causado lesiones graves a Manuel, castigado con una pena de prisión de diez a quince años (art. 573 bis CP). El procedimiento correspondiente en este caso será el ordinario.*

§ Procedimiento por jurado: procedimiento especial por la materia limitada de la que conoce y que se tramita ante un tribunal formado por nueve ciudadanos y un magistrado-presidente.

Ejemplo: Juan es un funcionario investigado por tráfico de influencias. El procedimiento correspondiente en este caso será el procedimiento ante el tribunal del jurado (art. 1 LOTJ).

§ Procedimiento sobre delitos leves: procedimiento sencillo y ágil para enjuiciar los delitos leves en determinados supuestos, que se resuelve mediante un juicio ante el Juzgado de Instrucción o el Juzgado de Violencia sobre la Mujer.

Ejemplo: una persona es víctima de un hurto flagrante de cuantía de 150 euros. El procedimiento correspondiente en este caso es el procedimiento para el enjuiciamiento de delitos leves.

§ Proceso: instrumento jurídicamente establecido para el ejercicio de la función jurisdiccional, que constituye una serie o sucesión regulada de actos tendentes a la aplicación del Derecho en un caso concreto.

Ejemplo: según la pretensión deducida, puede hablarse de procesos civiles, penales, administrativos, laborales, constitucionales o internacionales.

§ Procurador/a: profesional del derecho que se encarga de la representación procesal de las partes en litigio ante los órganos jurisdiccionales y, en particular, a través de quien se realizan los actos de comunicación procesal con las partes personadas.

Ejemplo: el escrito de oposición del deudor en un procedimiento monitorio deberá ser firmado por abogado y procurador conforme a las reglas generales por razón de la cuantía.

§ Providencia: resolución judicial de mero trámite, no necesariamente motivada, que tiene por objeto la ordenación material del proceso.

Ejemplo: el juez emite una providencia señalando el día y la hora para la práctica de una determinada prueba.

§ Prueba pericial: medio probatorio que consiste en la incorporación al proceso de un informe pericial elaborado por un perito que posee conocimientos científicos o artísticos. Se recurre a la solicitud de este tipo de informes cuando se requiere para apreciar algún hecho o circunstancia importante para esclarecer los hechos delictivos.

> *Ejemplo: se ha solicitado un informe pericial psicológico para esclarecer las secuelas psicológicas que está experimentando la víctima de un hecho delictivo.*

§ **Querella:** declaración de voluntad a través de la que se transmite a las autoridades competentes el conocimiento de la comisión de un hecho delictivo. Los/as ciudadanos/as españoles/as podrán querellarse para ejercitar la acción popular y los extranjeros podrán querellarse en los casos previstos en la ley. Requiere adecuación formal y supone la personación en el proceso como parte activa del mismo.

> *Ejemplo: la víctima de una agresión sexual presenta en papel de oficio, por medio de procurador y suscrita por letrado, una querella ante el juzgado de instrucción competente.*

§ **Recurso:** medio de impugnación a través del que las partes perjudicadas pueden instar a la revisión o revocación de una resolución de la autoridad judicial o del letrado de la administración de justicia. El derecho a interponer este tipo de impugnaciones contribuye, entre otros, a garantizar la tutela judicial efectiva.

> *Ejemplo: se interpone un recurso de apelación contra una sentencia del Juzgado de lo Penal.*

§ **Responsabilidad civil derivada del delito:** también denominada responsabilidad civil *ex delicto*. Es la responsabilidad que surge de restituir la cosa, reparar el daño o de indemnizar por los perjuicios ocasionados que recae sobre el responsable civil pertinente. Esta responsabilidad no solo puede recaer sobre el responsable civil directo, sino que el Código penal prevé todo un catálogo de posibles responsables subsidiarios.

> *Ejemplo: el responsable civil subsidiario de un delito perpetrado por un funcionario público en el ejercicio de sus funciones, consecuencia directa del funcionamiento del servicio público en el que trabaja, será el Estado.*

§ **Secreto de sumario:** excepción al derecho de las partes a tomar conocimiento e intervenir en todas las diligencias. En casos de delitos públicos se prevé que mediante auto se pueda declarar secreto de sumario por tiempo no superior a un mes. Siempre que sea necesario para evitar riesgos contra la vida, libertad o integridad o prevenir que se comprometa gravemente el proceso.

> *Ejemplo: En atención al riesgo que podría comprometer la investigación de varias agresiones sexuales en vía pública se decreta secreto de sumario.*

§ **Sentencia**: resolución judicial motivada que decide definitivamente la causa en cualquier instancia o recurso.

> *Ejemplo: la sentencia civil decide sobre la existencia y, en su caso, el alcance de la pretensión ejercitada por el demandante.*

§ **Sobreseimiento libre**: acto procesal a través del cual el órgano jurisdiccional competente emite, durante la fase intermedia del proceso penal, una declaración de voluntad por el cual se establece la terminación del proceso penal, ya sea por no existir indicios racionales de criminalidad, por el carácter no delictivo de los hechos o porque los procesados carezcan de responsabilidad penal.

> *Ejemplo: se presenta denuncia por el presunto homicidio de una persona a manos de su pareja. Días después, aparece la persona viva. El juez dictará un auto de sobreseimiento libre contra el sujeto inicialmente sospechoso.*

§ **Sobreseimiento provisional**: acto procesal a través del cual el órgano jurisdiccional competente emite, durante la fase intermedia del proceso penal, una declaración de voluntad por el cual se establece la paralización temporal del proceso penal cuando no existan suficientes evidencias del hecho delictivo o de la identidad de su autor.

> *Ejemplo: se presenta denuncia por el presunto homicidio de una persona a manos de su pareja. La persona no aparece nunca y el investigado no puede justificar qué estaba haciendo durante la ausencia de la persona desaparecida, pero no existen vestigios suficientes que permitan decretar el sobreseimiento libre.*

§ **Tribunal:** órgano jurisdiccional colegiado, integrado por más de un magistrado.

> *Ejemplo: las Audiencias Provinciales se compondrán de un Presidente y dos o más magistrados (art. 81 LOPJ).*